Mentale Stärke –
in einer getriebenen Führungskultur

Resilienz ist ein wichtiges Qualitätsmerkmal für Führungskräfte. Psychosoziale **Belastungen** zeitgemäß managen.

Bibliografische Information der Deutschen Nationalbibliothek: Die Deutsche Nationalbibliothek verzeichnet diese Publikation in der Deutschen Nationalbibliografie; detaillierte bibliografische Daten sind im Internet über dnb.dnb.de abrufbar.

© 2021 Christian Atzl

Mentale Stärke –
in einer getriebenen Führungskultur

Resilienz ist ein wichtiges Qualitätsmerkmal für Führungskräfte.
Psychosoziale Belastungen zeitgemäß managen.

1. Auflage

Herstellung und Verlag: BoD – Books on Demand, Norderstedt

ISBN: 9783753480985

INHALTSVERZEICHNIS

	Einleitung	8
1.	Warmup: Was ist Resilienz?	10
2.	Aktuelle Erkenntnisse aus der Resilienzforschung	16
2.1	Resilienzmodell nach Al Siebert	21
3.	Sind mentale Stärke und körperliche Fitness zwingende Voraussetzungen für Führungskräfte?	23
4.	Belastungsfaktoren am Arbeitsplatz und ihre Auswirkungen	30
5.	Welche gesundheitlichen Präventionsstrategien gibt es, um Stress zu reduzieren?	33
5.1	Warnsignale im Unternehmen	36
5.2	10 Methoden zur Stressbewältigung	39
6.	Wie erkennt die Führungskraft Stress bei ihren Mitarbeitern/innen?	47
7.	Empfehlungen zur Stressreduktion	50
8.	Weg zu einer gesundheitsgerechten Mitarbeiterführung: Gesund führen	54
9.	Resilienz-Empfehlungen für Führungskräfte	58
10.	Die resiliente Führungskraft der Zukunft	62
	Quellenverzeichnis	66
	Was wir für Sie tun können	68

WARUM DIESES BUCH?

Der Autor, Christian Atzl, stellt sich der Frage, inwieweit die Veränderungsbereitschaft von Führungskräften durch deren individuelle Resilienz geprägt ist. Er weist nach, dass Maßnahmen zur Stärkung der individuellen Resilienz den erfolgreichen Umgang mit schwierigen Situationen und dadurch die Bereitschaft für Veränderungen stärken. Dieses Buch liefert deutliche Impulse für die Anwendung in der Praxis – eine Steigerung der Resilienz wirkt sich ebenfalls positiv auf die Gesundheit und Stabilität der Führungskräfte aus.

Christian Atzl ist eine Persönlichkeit, die vorangeht, die kreuz- und quer-, aber vor allem groß denkt! Für seine Visionen hat er mehrfach Widrigkeiten und Grenzen überwunden und tut dies weiterhin – er zeigt Wege auf, wie man mit einem „kleinen Stein" einen großen Wandel im Unternehmen anstößt.

Er durchlief seine zwölfjährige Bundeswehrlaufbahn im Personalwesen und disziplinierte sich zu dieser Zeit als Triathlon-Profi auf der Langstrecke sowie zu einigen Extremtouren. Immer mit der Zielsetzung, seine Leistungsgrenze zu erweitern.

Er ist Gesellschafter der Logoconsult Beratungs- und Coachinggesellschaft bR (www.derchangeberater.de) und berät seit 2003 kleine und mittelständische Unternehmen und schult Führungskräfte in relevanten Bereichen. Sein Hauptschwerpunkt liegt auf agilen Methoden und interdisziplinären Ansätzen zur Resilienzförderung.

EINLEITUNG

Unter Arbeitsbelastung versteht man alle Umwelteinflüsse, Anforderungen und Arbeitsbedingungen im Arbeitssystem, die auf den Organismus oder die Psyche einer Arbeitskraft als Belastung einwirken.
Jede Arbeit besteht aus Anforderungen und Belastungen: Anforderungen sind die positiven Herausforderungen der Aufgabe an das Personal. Sie ermöglichen der Arbeitskraft, ihre Erfahrungen, Fähigkeiten und Kenntnisse einzubringen und durch Arbeit weiterzuentwickeln (Learning by Doing). Belastungen dagegen sind Arbeitsbedingungen, die zu vermeiden sind, weil sie die Arbeit durch unnötige Fehlerkosten behindern können und negative Auswirkungen auf die Gesundheit der Arbeitsperson zur Folge haben. Physische Belastungen wirken von außen auf den Körper ein (etwa ein ungeheizter Arbeitsplatz im Winter), psychische kommen von außen auf den Menschen zu und wirken psychisch auf ihn (etwa Konflikte mit Kollegen/-innen).

Erwerbsarbeit nimmt in allen modernen Gesellschaften eine zentrale Rolle im Leben der Bevölkerung ein. Sie stellt für viele Menschen im erwerbsfähigen Alter die wichtigste Quelle zur Sicherung des eigenen Lebensunterhaltes dar. Erwerbstätigkeit bedeutet nicht nur materielle Vorteile durch ein regelmäßiges Einkommen, sie wirkt auch sinnstiftend und geht – in unterschiedlichem Maße – mit sozialem Ansehen einher. Erwerbstätige sind durch ihre Arbeit außerdem in feste Zeitstrukturen und in von Familie und Freunden unabhängige, soziale Beziehungsnetzwerke eingebunden.

Im Kontext der demographischen Alterung rückt neben der individuellen Bedeutung der Erwerbsarbeit zunehmend ihre gesellschaftliche Bedeutung in den Fokus der öffentlichen Diskussion. Angesichts eines für die Zukunft prognostizierten Fachkräftemangels ist es von besonderer Bedeutung, dass qualifizierte Arbeitskräfte möglichst lange arbeiten können.

Diesem Ziel stehen allerdings arbeitsbedingte Gesundheitsrisiken entgegen, die dazu führen können, dass Erwerbstätige ihren Beruf vorzeitig aufgeben müssen.

Belastungen am Arbeitsplatz resultieren aus körperlichen und geistigen Tätigkeiten, die jeden Arbeitsplatz in unterschiedlichem Maße kennzeichnen sowie aus der Arbeitsorganisation, der Arbeitsumgebung oder den sozialen Beziehungen am Arbeitsplatz. Übersteigen die Belastungen am Arbeitsplatz die individuelle Leistungsfähigkeit der Erwerbstätigen, können daraus Beanspruchungen und gesundheitliche Beeinträchtigungen, Fehlzeiten am Arbeitsplatz, Berufskrankheiten, Arbeitsunfähigkeit oder ein vorzeitiger Renteneintritt resultieren. Arbeitsbelastungen führen zu beträchtlichen betrieblichen und gesellschaftlichen Folgekosten und bilden einen wichtigen Ansatzpunkt für Maßnahmen von Prävention und Gesundheitsförderung.

Belastungsmanagement ist kein, auf eine bestimmte Tätigkeit oder berufliche Rolle, beschränkter Prozess, sondern in allen Arbeitssettings für die eigene Überprüfung der Leistungsfähigkeit erforderlich. Dieses eBook ist gerade für Führungskräfte, die komplexe Projekte steuern, ihre Teams motivieren und schwierige persönliche Ereignisse ihrer geführten Beschäftigten bewältigen müssen, ein hilfreiches Werk mit Hintergrundwissen und Handlungsempfehlungen.

In den letzten zehn Jahren hat das Thema Resilienz vs. Belastung eine starke Resonanz in Unternehmen und Organisationen gefunden, die ihre Beschäftigten zunehmend über Prozesse der Gesundheits- und Leistungsförderung befähigen wollen, schwierige Anforderungen und Belastungen zu bewerkstelligen. Unter den einer breiteren Öffentlichkeit bekannten Konzepten zu den Themen Achtsamkeit und Stressreduzierung werden in Coachings, Supervisionen sowie anderen Personalentwicklungsmaßnahmen, Prozesse zum Resilienz-Training sowie dem betrieblichen Gesundheitsmanagement verstärkt vorangetrieben. Allerdings sind derartige Maßnahmen oftmals nicht mit anderen Voraussetzungen – wie etwa Führungs- und Unternehmenskultur – abgestimmt, sodass die erhoffte Wirkung in einzelnen Fällen ausbleibt.

1. WARMUP: WAS IST RESILIENZ?

In einer Gesellschaft, in der der Druck immer mehr zunimmt, ist es interessant und vorteilhaft, von Menschen und Unternehmen zu lernen, die gut mit Krisen und Dauerstress fertig werden. In diesem Zusammenhang wird in letzter Zeit immer intensiver das Thema der »Resilienz« diskutiert, also der Widerstandsfähigkeit gegenüber Stress und Krisen. Ursprünglich wurde das Resilienzkonzept nur auf einzelne Personen angewandt. Es ist aber auch lohnend zu betrachten, inwieweit auch ganze Oganisationen – also auch Unternehmen – die Eigenschaft der Resilienz besitzen und wie sich diese vielleicht sogar gezielt entwickeln lässt.

Nicht nur dramatische Katastrophen und persönliche Tragödien verlangen dem Menschen viel Widerstandskraft ab, auch der ganz gewöhnliche Alltagsstress muss immer wieder bewältigt werden: dauernde Umstrukturierungen in der Firma, Kurzarbeit, die Angst vor dem Verlust des Arbeitsplatzes, finanzielle Sorgen. Dass diese Dauerbelastungen im Moment besorgniserregende Konsequenzen haben, zeigen aktuelle Studien und die Gesundheitsberichte der Krankenkassen. Jede/r dritte Mitarbeiter/-in leidet stark unter Hektik, Zeit- und Termindruck. Jede/r Vierte erlebt das Arbeitstempo und den Leistungsdruck als sehr belastend.

Was zeichnet resiliente Menschen aus?

Die Eigenschaft Resilienz ist wahrscheinlich zu einem Teil genetisch mitbestimmt, lässt sich aber auch erlernen und gezielt trainieren. Viele Menschen verfügen bereits über eine breite Palette von Fähigkeiten und Eigenschaften, die zusammen die Resilienz ausmachen. Trotzdem gibt es nicht nur einen Weg, um die eigene Resilienz weiterzuentwickeln. Eine ganze Bandbreite von Verhaltensweisen, Gedanken und Aktivitäten steht für die eigene Widerstandsfähigkeit zur Verfügung und jeder kann seine eigene Strategie entwickeln, je nachdem, wo bereits besondere Stärken liegen. Es sollte aber darauf geachtet werden, möglichst jeden Bereich der Resilienz zu stärken. In unterschiedlichen Situationen können ganz unterschiedliche Bewältigungsstrategien gefragt sein.

Da sind diejenigen im Vorteil, die auf eine Fülle von verschiedenen Verhaltensweisen und Einstellungen zurückgreifen können. Daher ist das Training von Resilienz auch in Firmen sinnvoll, und zwar sowohl für die Mitarbeiter/-innen als auch für die Führungskräfte.

Bei Menschen mit einer ausgeprägten psychischen Widerstandskraft zeigen sich oft zahlreiche positive Folgen auf ihr Leben:

- weniger körperliche Beschwerden
- schnellere Erholung
- weniger Ängste
- weniger Depressionen
- ausgeprägtere Lebenszufriedenheit

Definition:

Was ist Resilienz (auf den Menschen bezogen)?

„... die Fähigkeit von Erwachsenen, die sich ansonsten in normalen Lebensumständen befinden, ein relativ stabiles Muster gesunden psychologischen und körperlichen Funktionierens zu erhalten, nach dem sie einem einmaligen und potentiell sehr erschütternden Ereignis ausgesetzt waren, wie z. B. dem Tod einer/eines nahen Verwandten, einer Gewalttat oder einer lebensbedrohenden Situation."

Definition nach der University Hospital of Psychiatry Zurich (2004)

Resilienz beschreibt die Fähigkeit, mit Druck, mit Veränderungen, Ungewissheit und Rückschlägen im Leben umzugehen.

Dinge, die Führungskräfte und „normale" Mitarbeiter/innen in Unternehmen ständig erfahren. Der Begriff Resilienz wird auch in Deutschland immer bekannter. In diesem Zusammenhang wird auch immer wieder von den **„Sieben Säulen der Resilienz"** gesprochen.

Die US-Forscher Dr. Karen Reivich und Dr. Andrew Shatté von der University of Pennsylvania haben in ihrem Buch „The resilience factor" zum ersten Mal sieben entscheidende Faktoren beschrieben, die einen hochresilienten Menschen ausmachen. Auch wenn die Bezeichnungen dieser Faktoren nicht immer identisch sind, kann man diese sieben Faktoren in der Mehrzahl der wissenschaftlichen Publikationen wieder finden.

In wissenschaftlicher Sprache ausgedrückt sind die sieben Faktoren:

- **Emotionssteuerung**

- **Impulskontrolle**

- **Kausalanalyse**

- **Selbstwirksamkeitsüberzeugung**

- **Empathie**

- **Realistischer Optimismus**

- **Zielorientierung/Reaching-Out**

Was verbirgt sich nun genau hinter diesen einzelnen Faktoren?

Faktor 1: Emotionssteuerung

„Wenn sich ein Call-Center-Mitarbeiter wegen eines unhöflichen Anrufers ärgert und nicht zurück schreit, steuert er seine Emotionen. Wenn eine Flugbegleiterin trotz großer privater Probleme zur Arbeit geht und die Kunden anlächelt, steuert sie ihre Emotionen. Wenn eine Führungskraft mit dem anstehenden Veränderungsprojekt nicht einverstanden ist und trotzdem versucht, seine Mitarbeiter dazu zu motivieren, steuert sie ihre Emotionen.

Emotionssteuerung beschreibt also die Fähigkeit, unter Druck ruhig zu bleiben. Resiliente Menschen nehmen ihre Gefühle bewusster wahr, als andere Menschen erkennen diese und können diese durch unterschiedliche Verhaltensweisen und Techniken steuern. Meist geschieht das unbewusst. Sie können dies auch, wenn sie sehr große persönliche Herausforderungen zu bewältigen haben oder schwere Rückschläge erleben. Ihre Leistungsfähigkeit wird entsprechend nur wenig durch ihre Emotionen beeinträchtigt.

Faktor 2: Impulskontrolle

Der Kopfstoß von Zidane gegen Materazzi im Finale der Fußball-WM 2006 ist eines der eindrucksvollsten Beispiele für verlorene Impulskontrolle und die negativen Konsequenzen, die dies nach sich ziehen kann. Es hat ihn und seine Mannschaft weniger erfolgreich gemacht. Impulskontrolle beschreibt also die Fähigkeit, sein eigenes Verhalten in Drucksituationen zu steuern. Darüber hinaus beschreibt dieser Faktor die Fähigkeit, sich - in unseren immer komplexer werdenden Arbeitsumfeldern - über einen längeren Zeitraum auf eine Aufgabe zu konzentrieren und nicht permanent, bspw. von eingehenden E-Mails, ablenken zu lassen. Menschen mit hoher Impulskontrolle haben eine klare Strategie, um Ziele zu erreichen, planen im Voraus, folgen nicht gleich ihren ersten Impulsen und geben in der Regel seltener auf, wenn etwas nicht gut läuft. Sie bringen Dinge zu Ende und erleben darüber eine große Zufriedenheit. Sie sind also, auch wenn kaum jemand diesen Begriff mag, vor allem diszipliniert.

Faktor 3: Kausalanalyse

Kausalanalyse beschreibt die Bereitschaft ein Problem, zeitlich und inhaltlich, gründlich und treffend zu analysieren. Diese Fähigkeit hilft Menschen dabei, denselben Fehler nicht wieder und wieder zu machen und nicht zu früh aufzugeben. Also ihre Ressourcen zu verschwenden. Dies trifft insbesondere dann zu, wenn Menschen auf der Basis dieser Analyse, die Gründe für Erfolge und Misserfolge treffend einschätzen können. Wenn sich ein Mensch zum Beispiel aufgrund eines für ihn spezifischen „Denkstils" immer die Schuld für einen Rückschlag gibt und gleichzeitig Erfolge immer auf den Zufall zurückführt, wird dies zu wenig Motivation und zu wenig positiven Gefühlen führen.

Faktor 4: Selbstwirksamkeit

Selbstwirksamkeit beschreibt unseren Wunsch Herausforderungen anzunehmen und unsere Überzeugung, dass wir durch unser eigenes Handeln, Dinge verändern können. Menschen mit hohen Werten auf diesem Faktor erwarten, dass sie Dinge gut machen werden und engagieren sich entsprechend intensiv, um ein gutes Ergebnis zu erzielen. Sie bevorzugen, statt Routinetätigkeiten, Aufgaben, die eine Herausforderung für sie darstellen, auch wenn dies vielleicht erst einmal mit einer erhöhten Anspannung verbunden ist.

Faktor 5: Realistischer Optimismus

Realistischer Optimismus beschreibt die Überzeugung, dass sich Dinge zum Guten wenden können und werden. Er beschreibt außerdem die Fähigkeit, auch in sehr schwierigen Situationen eine Sinnhaftigkeit und etwas Positives zu sehen und zu entdecken: das Glas Wasser ist in der Regel „halbvoll" und nicht „halbleer"!
Realistisch optimistische Menschen zeigen entsprechend auch viel Nachsicht mit ihren Mitmenschen („er hat halt einen schlechten Tag"). Wirklich resiliente Menschen schätzen aber gleichzeitig die Realität treffend ein, sind also nicht übertrieben optimistisch. Denn unrealistischer Optimismus kann im Gegenzug dazu führen, dass Menschen Risiken falsch einschätzen und somit falsche Entscheidungen treffen.

Faktor 6: Empathie

Empathie beschreibt die Fähigkeit eines Menschen, sich auf der Basis von beobachteten Verhalten, in die psychologische und emotionale Lage eines anderen Menschen zu versetzen. Sinngemäß „fühlen" empathische Menschen „mit". Vielen Menschen fällt dies leichter, wenn sie schon einmal eine vergleichbare Situation, wie ihr Gegenüber erlebt haben. Empathie hilft uns, mehr Verständnis für unser Gegenüber aufzubringen und ist zum Beispiel für Menschen, die häufig im Kundenkontakt stehen, äußerst hilfreich und eine wichtige Voraussetzung für eine effektive Emotionssteuerung. So wird der weiter oben beschriebene Call-Center-Mitarbeiter wahrscheinlich weniger eigenen Ärger verspüren, wenn er sich bewusst macht, dass der Kunde tatsächlich in einer misslichen Lage ist und es ihm wahrscheinlich ähnlich gehen würde, wenn er der Kunde wäre.

Faktor 7: Zielorientierung

Dieser Faktor wird von Reivich und Shatté als „Reaching-Out" bezeichnet und ist mit Zielorientierung leider nur unzureichend übersetzt. Leider gibt es im Deutschen keinen Begriff, der diesen Resilienzfaktor besser beschreibt. Zielorientierung ist ein Maß dafür, wie gerne sich ein Mensch neue Ziele setzt und diese, überwiegend, unabhängig von der Meinung anderer, verfolgt und umsetzt. Menschen mit hohen Werten auf dem Faktor Zielorientierung sind überzeugt, dass sie einen guten Job machen, sind neugierig und haben ein klares Bild von dem, was sie erreichen möchten. Sie unternehmen selbstbewusst, gelassen und konsequent „im Hier und Jetzt" die notwendigen Schritte, um ihre Ziele zu erreichen und verfallen eher selten in Tagträumereien. Sie sind auch nicht mit getriebenen Menschen zu vergleichen, die ihre Erfolge nie genießen können und sich eher kopflos von einer Herausforderung in die nächste stürzen. Denn dies sind häufig die Menschen, die im Laufe ihrer Karriere an einer Erschöpfungsdepression, also einem Burn-Out erkranken.[1]

---

[1] http://www.dr-mueck.de/Selbstregulation/Resilienz-Faktoren-Denis-Mourlane.htm , Dr. Dr. med. Herbert Mück

2. AKTUELLE ERKENNTNISSE AUS DER RESILIENZ- FORSCHUNG

Die von allen Krankenkassen berichtete stetig wachsende Zahl von Burn-out-Fällen, von Fehltagen und Berufsunfähigkeiten aufgrund psychologischer Erkrankungen stellt eine zunehmende Herausforderung für die Gesellschaft und Unternehmen dar. Dies wird auch durch den verstärkten Griff von Arbeitnehmern/-innen zu Suchtmitteln bestätigt. Basierend darauf stellt sich vermehrt die Frage, was Unternehmen für Mitarbeiter/-innen und Führungskräfte tun können, um den damit einhergehenden menschlichen und ökonomischen Schäden entgegenzuwirken.

Ansatzpunkte, die verstärkt in diesem Zusammenhang diskutiert werden, sind der Einfluss von Führung auf die psychologische Gesundheit von Menschen, ebenso wie der Einsatz von Resilienz-Trainings im Rahmen des betrieblichen Gesundheitsmanagements (bGM). In einer Studie der Bertelsmann Stiftung zum Thema „Führung, Gesundheit und Resilienz" war das Ziel entsprechend, den Zusammenhang zwischen den drei Variablen **Führung**, **Gesundheit** und **Resilienz** genauer zu untersuchen und darauf aufbauend, Handlungsempfehlungen abzuleiten.

Führung & Gesundheit – Führung & Arbeitszufriedenheit

Die folgende Grafik zeigt die Korrelationen zwischen der Einschätzung der eigenen Führungskraft „als eine der besten Führungskräfte, für die die Studienteilnehmer/-innen jemals gearbeitet haben" sowie der Arbeitszufriedenheit, den drei Burn-out-Variablen und den psychosomatischen Beschwerden.

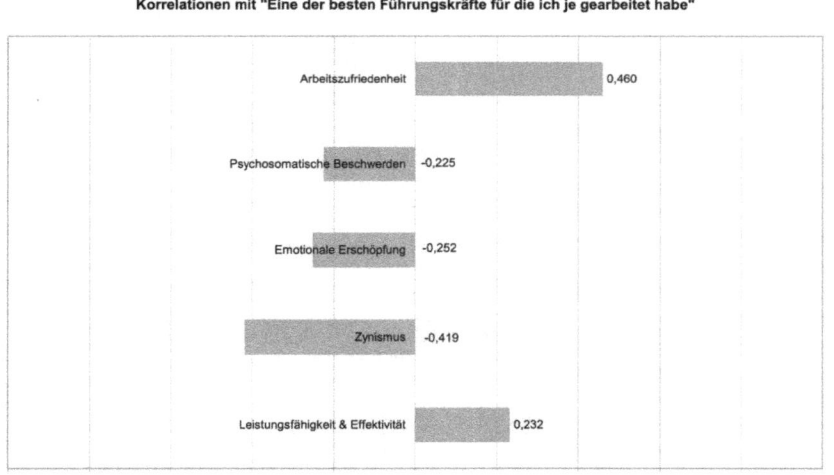

In diesem Bereich konnten die in anderen Studien ermittelten mittleren bis hohen Zusammenhänge zwischen der Güte des Führungsverhaltens sowie der erlebten Gesundheit und Arbeitszufriedenheit durchweg bestätigt werden. Menschen, die ihre Führungskraft als „eine der besten Führungskräfte, für die sie je gearbeitet haben" einstufen sind deutlich zufriedener mit ihrer Arbeit, weniger zynisch, emotional weniger erschöpft und berichten, effektiver in ihrer Arbeit zu sein. Sie berichten außerdem, tendenziell weniger psychosomatische Beschwerden zu haben als Personen die ihre Führungskraft schlecht einschätzen.

2 Bildquelle: Studie „Führung, Gesundheit und Resilienz", Mourlane, D., Hollmann, D. & Trumpold, K.

Bemerkenswerter Weise konnten diese Zusammenhänge auch für die fünf auf die psychologischen Grundbedürfnisse eines Menschen abzielenden Führungsverhaltensweisen beobachtet werden.

Die folgende Grafik zeigt den Zusammenhang zwischen dem Mittelwert aus den fünf bedürfnisorientierten Führungsdimensionen (Faktor: Bedürfnisorientiertes Führungsverhalten), der Arbeitszufriedenheit, den drei Burn-out-Dimensionen und den psychosomatischen Beschwerden.

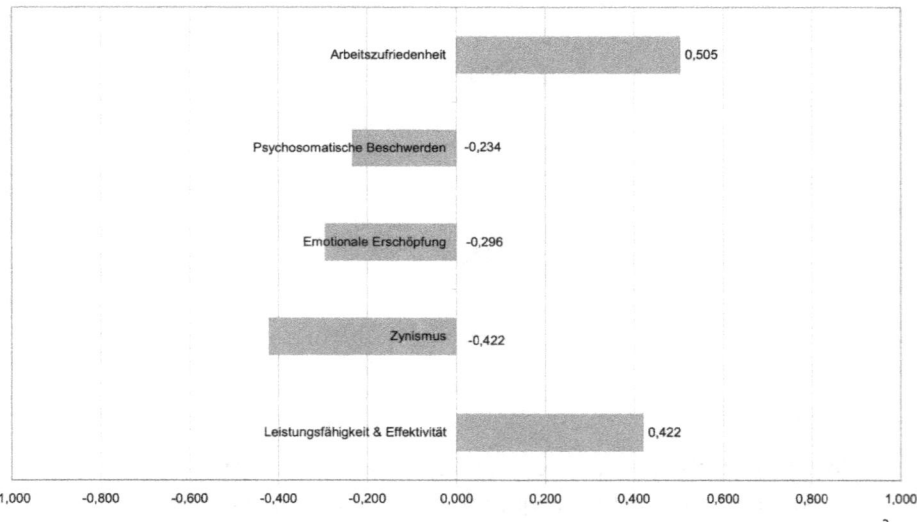

3 Bildquelle: Studie „Führung, Gesundheit und Resilienz", Mourlane, D., Hollmann, D. & Trumpold, K.

In der Zusammenfassung der Studie kann festgehalten werden:

„**Die Ergebnisse der Studie geben einen starken Hinweis darauf, dass ein bedeutender Zusammenhang zwischen dem Ausmaß an Resilienz eines Menschen und dem Auftreten von Burn-out-Symptomen und psychosomatischen Beschwerden besteht.** Da davon auszugehen ist, dass es sich bei den Resilienzfaktoren um eher stabile Merkmale einer Person handelt (vgl. Optimismus, Selbstwirksamkeitsüberzeugung, Zielorientierung, Empathie), liegt die Vermutung nahe, dass die Resilienz eines Menschen eher die erlebte Gesundheit der Person beeinflusst, als dies umgekehrt der Fall ist. Wir haben entsprechend starke Hinweise darauf, **dass es sich bei der Resilienz einer Person um einen Schutzfaktor gegen Burn-out und weitere psychosomatische Beschwerden handelt.**

Die Hypothese, dass Resilienz insgesamt als protektiver Faktor angesehen werden kann, wird auch durch die Korrelationen zwischen dem **Resilienzquotienten (RQ) einer Person** und der beim Menschen weitestgehend stabilen Big 5 Dimension „Neurotizismus" unterstützt. Dies zeigt, dass hoch-resiliente Menschen weniger anfällig dafür sind, an neurotischen Störungen zu erkranken und entsprechend auch von Außen als emotional stabil wahrgenommen werden. Darüber hinaus zeichnen sich hochresiliente Menschen durch ihre Offenheit gegenüber neuen Erfahrungen aus, sind diszipliniert und gewissenhaft bei der Erledigung ihrer Aufgaben sowie verträglich im Umgang mit Menschen." [4]

---

[4] Vgl. aktuelle Erkenntnisse der Resilienzforschung (Studie „Führung, Gesundheit und Resilienz", Mourlane, D., Hollmann,

Folgende Kernaussagen lassen sich von der Studie ableiten:

1. **Resilienz & Gesundheit**

Menschen mit einer hohen Resilienz berichten über weniger Burn-out-Symptome und psychosomatische Beschwerden. Da man die Resilienz eines Menschen trainieren und weiterentwickeln kann, könnte eine Integration von Resilienz-Trainings in das Betriebliche Gesundheitsmanagement eines Unternehmens einen positiven Einfluss auf die einleitend berichteten hohen Fehltage und Fälle von Berufsunfähigkeit aufgrund psychologischer Erkrankungen haben.

2. **Führung & Gesundheit**

Es konnte in dieser Studie erneut ein starker Hinweis darauf gefunden werden, **dass Führungskräfte mit ihrem Führungsverhalten einen bedeutenden Einfluss auf die Gesundheit und die Arbeitszufridenheit der Mitarbeiter/-innen haben.** Es konnte außerdem zum ersten Mal gezeigt werden, dass dies in hohem Maße für ein Führungsverhalten zutrifft, welches auf die psychologischen Grundbedürfnisse eines Menschen nach Orientierung & Kontrolle, nach Sinn & Stimmigkeit (Kohärenz), nach Lustgewinn & Unlustvermeidung, nach Selbstwerterhöhung & Selbstwertschutz und nach Bindung abzielt. **Der größte Zusammenhang bestand hier zu dem Faktor Kohärenz, also dem Bedürfnis nach „Sinn & Stimmigkeit" eines Menschen. Dies gibt wiederum einen starken Hinweis darauf, dass Führungskräfte vor allem durch ein authentisches, vorbildliches und Sinn-vermittelndes Führungsverhalten einen positiven Einfluss auf die Zufriedenheit und die Gesundheit ihrer Mitarbeiter/ -innen nehmen können.** [5]

---

[5] Studie „Führung, Gesundheit und Resilienz", Mourlane, D., Hollmann, D. & Trumpold, K., Bertelsmann Stiftung

2.1 RESILIENZMODELL NACH AL SIEBERT

Der amerikanische Psychologe Al Siebert beschäftigte sich über Jahrzehnte mit dem Konzept der Resilienz, wobei er dabei einen strikt gesundheitsförderlichen Ansatz verfolgte. Es ging ihm nicht um die Prävention von psychischen Störungen oder die Bewältigung von Traumata, sondern um den Aufbau von Kompetenzen, Denk- und Verhaltensweisen, die den Menschen auch unter Druck gesund erhalten. Er entwickelte ein aufbauendes Modell mit **fünf Ebenen der Resilienz.**

Die erste Stufe bildet die optimale körperliche und psychische Gesundheit. Um diese zu fördern und zu erhalten, braucht man einen gesunden Lebensstil und einen günstigen Umgang mit Stress.

Die zweite Stufe besteht in gut ausgeprägten Problemlösefähigkeiten. Dazu gehören die Fähigkeiten, problematische Situationen schnell zu verstehen und diese rasch aktiv anpacken und bewältigen zu können.

Auf der dritten Stufe der Resilienz geht es darum, die »inneren Torhüter« zu entwickeln, die in einem starken Selbstvertrauen, einem gesunden Selbstwertgefühl und einem positiven Selbstkonzept bestehen. Dazu gehören auch drei Schlüsseleinstellungen: das Gefühl der Selbstwirksamkeit, das Bekenntnis zu etwas, was als wichtig empfunden wird, und das Empfinden, dass Veränderungen eine aufregende Herausforderung bedeuten. Um die dritte Stufe der Resilienz zu fördern, sollten Unternehmen ihren Mitarbeiterinnen und Mitarbeitern große Freiheits- und Entscheidungsspielräume eröffnen.

Auf der vierten Stufe der Resilienz-Entwicklung plädiert Siebert für die Förderung von Lernfähigkeit und -bereitschaft, Neugier und Experimentierfreude.

Die ersten vier Stufen sind die Voraussetzung für die **fünfte Entwicklungsstufe**, das »Hans-im-Glück-Prinzip«, auf der Menschen in der Lage sind, aus Krisen sogar gestärkt hervorzugehen.

Menschen oder Organisationen auf dieser Stufe können Krisen und Rückschläge nützen, um sich weiterzuentwickeln und die Situation zum Positiven zu wenden.

Es zeigt sich, dass Resilienz viel mit grundlegenden Einstellungen zu tun hat. Die Resilienzforschung hat auch gezeigt, dass sich an diesen Einstellungen arbeiten lässt: Die eigene Widerstandsfähigkeit kann also gefördert und trainiert werden. Eine wissenschaftlich fundierte Resilienzförderung hat somit einen Platz in der betrieblichen Gesundheitsförderung verdient. [6]

---

[6] Vgl. Psychische Belastungen am Arbeitsplatz vermeiden, Julia Scharnhorst, 1. Auflage, Haufe Verlag, S.207 ff

3. SIND MENTALE STÄRKE UND KÖRPERLICHE FITNESS ZWINGENDE VORAUSSETZUNGEN FÜR FÜHRUNGSKRÄFTE?

Um diese Frage so zielgenau wie möglich beantworten zu können wird an dieser Stelle u.a. auf die Dissertation „Wie fit sind Deutschlands Führungskräfte" sowie auf das Forschungsprojekt „Psychische Gesundheit in der Arbeitswelt" der Bundesanstalt für Arbeitsschutz und Arbeitsmedizin (BAuA) zugegriffen.

Zu den Zielen der vorliegenden Dissertation „Wie fit sind Deutschlands Führungskräfte" zählte es,

(1) den aktuellen Fitness- und Gesundheitsstatus sowie das kardiovaskuläre Risiko (Herz und Gefäße betreffend) von Manager/-innen in einer Querschnittstudie über eine retrospektive Analyse eines Datenpools von medizinischen Check-ups in Deutschland darzustellen,

(2) die Übereinstimmung zwischen subjektiv wahrgenommener und objektiv gemessener Fitness und Gesundheit bei Manager/-innen zu überprüfen,

(3) einen neuartigen Fragebogen für den Bereich Fitness und Gesundheit zu evaluieren und zu validieren sowie

(4) im Rahmen einer mehrmonatigen Interventionsstudie mit Führungskräften den Einfluss von Ausdauertraining auf die körperliche Fitness, Lebensqualität und Leistungsfähigkeit im Job zu untersuchen.

Um die Frage nach der körperlichen Fitness annähernd beantworten zu können wird im Fazit auf das (1.) und (4.) Ziel näher eingegangen.

„Nach wie vor gibt es einen starken Zusammenhang von sozio-ökonomischem Status und Gesundheit. Daraus könnte geschlossen werden, dass Manager/-innen der oberen Führungs- und Hierarchieebene mit einem guten Einkommen gesünder seien als andere Beschäftigte. Tatsächlich gibt es viele Studien, die teilweise diskrepante Ergebnisse zeigten. So ist gerade diese Gruppe von Personen besonders hohem Stress, permanenter Erreichbarkeit und einer hohen Verantwortung gegenüber den eigenen Mitarbeiter/-innen ausgesetzt. **Höhere Führungs- und Managementpositionen erfordern folglich Individuen, die körperlich und mental besonders robust und widerstandsfähig sind.** So sind Manager/-innen in der Tat gleichsam die Leistungssportler/-innen und Spitzenathleten/-innen eines Unternehmens (Loehr & Schwartz, 2001) und bedürfen stärkerer Aufmerksamkeit, insbesondere in Fragen der Gesundheit und dem mit ihr zusammenhängenden betrieblichen Gesundheitsmanagement. Kardiovaskuläre Erkrankungen stellen die häufigste Todesursache in den Industrienationen dar. Besonders wichtig für einen gesunden Lebensstil ist eine ausreichende, regelmäßige körperliche Aktivität, da Bewegungsmangel die häufigste Ursache für Erkrankungen ist. Epidemiologische Studien in der allgemeinen Bevölkerung demonstrierten bereits in der Vergangenheit, dass körperliche Aktivität und aerobe Fitness signifikant das kardiovaskuläre (kv) Risiko verringern können.

Zusammenfassend kann festgehalten werden, **dass eine Investition in die Gesundheit von Manager/-innen im Rahmen des betrieblichen Gesundheitsmanagements für ein langfristig erfolgreiches Unternehmen einen besonders hohen Stellenwert hat und zukünftig weiter fokussiert werden sollte. Sie kann die individuelle Gesundheit und das Wohlbefinden der führenden Mitarbeiter/-innen nicht nur erhalten oder verbessern, sondern auch den ökonomischen Erfolg der Unternehmen unterstützen und fördern.** Zukünftig sollten Projekte im Rahmen eines betrieblichen Gesundheitsmanagements weiter verbessert, individualisiert und landesweit implementiert werden." [7]

---

[7] Vgl. Dissertation „Wie fit sind Deutschlands Führunskräfte", Diana Jedlicka, Insitut für Kreislaufforschung und Sportmedizin

Im Forschungsprojekt „Psychische Gesundheit in der Arbeitswelt" lag die Fragestellung auf:

(1) Inwieweit hängt Führung mit der psychischen Gesundheit der Mitarbeiter zusammen?

(2) Welche Rolle spielen ausgewählte Führungsinstrumente im Kontext von Führungshandeln und der psychischen Gesundheit von Beschäftigten?

Im Ergebnis dazu heißt es: Im Vordergrund stand dabei ursprünglich vor allem die Frage nach den in Arbeitssituationen entstandenen psychlogischen Prozessen wie Motivation, Wahrnehmung und Bewertung des Verhaltens von Führungskräften sowie Beziehungsqualität der Führungskraft-Mitarbeiter/-innen-Dyaden. Auch wenn die methodologische Qualität der eingeschlossenen Studien niedrig bis mittelmäßig ist und eine gewisse Überschätzung berichteter Zusammenhänge nicht auszuschließen ist, wurden statistisch signifikante kleine bis mittlere Effektstärken für den Zusammenhang zwischen Führung und psychischer Gesundheit der Mitarbeiter/-innen gefunden. Im Allgemeinen weisen die Befunde darauf hin, dass Führung als Ressource die positiven Ausprägungen transformationaler und mitarbeiterorientierter Führung, eine hohe Qualität der Führungskraft-Mitarbeiter/-innen-Interaktionen sowie – in etwas abgeschwächter Form – aufgabenorientierter Führung einschließt. Aus einer statistischen Perspektive haben die positiven Auswirkungen von Führung auf die psychische Gesundheit der Mitarbeiter/-innen die Stärke von kleinen bis mittleren Effekten. Im Gegensatz dazu gilt Führung als Gefährdung nicht nur im Fall der sog. destruktiven Führung, sondern vermutlich auch bei unzureichenden bzw. mangelnden Führungskompetenzen. Die negativen Auswirkungen destruktiver Führung auf die psychische Gesundheit der Mitarbeiter/-innen weisen ebenfalls kleine bis mittlere Effektstärken auf. **Die gefundenen Zusammenhangsstärken sind allerdings praktisch von hoher Bedeutsamkeit, da nahezu alle Beschäftigten eine Führungskraft haben und somit von positiven oder auch negativen Ausprägungen von Führung betroffen sind.**

Somit kann Führung selbst bei statistisch kleinen oder mittleren Zusammenhängen mit gesundheitlichen Parametern eine wichtige positive oder negative Wirkung für viele Beschäftigte haben.

Auch wenn sich angesichts dieser Mängel Gestaltungsempfehlungen zum Arbeitsbedingungsfaktor Führung entsprechend nicht direkt aus den Ergebnissen empirischer Studien ableiten lassen, ist es trotzdem möglich, aus den ermittelten Korrelationen zwischen Führung und psychischer Gesundheit folgende Merkmale gesunder Führung zu identifizieren, die einer gesundheitsgerechten Arbeitsgestaltung entsprechen können:

1. Eine mitarbeiter- bzw. gesundheitsorientierte Führung – eine rein aufgabenorientierte Führung hat hingegen keine maximal positive Wirkung auf die Mitarbeitergesundheit,

2. Eine transparente und respektvolle Kommunikation zwischen Führungskräften und Geführten,

3. Eine klare Vermittlung der für die einzelnen Mitarbeiter/-innen relevanten Informationen bzw. Regelungen,

4. Ein ermunternder, Kreativität fördernder Führungsstil,

5. Der Vorrang eines partizipativen, auf Dialog und Handlungsspielraum basierenden Führungsstils vor einem autoritären, auf Befehl und Gehorsam ausgerichteten Führungsstil,

6. Die Berücksichtigung der Gerechtigkeitserwartungen der Geführten,

7. Die Berücksichtigung sozial-emotionaler Bedürfnisse der Organisationsmitglieder, wie Anerkennung, Selbstwirksamkeit und Lebenszufriedenheit, und

8. Die strikte Vermeidung bzw. Sanktionierung sämtlicher Formen destruktiver Führung. [8]

---

[8] Vgl. Forschungsstudie „Psychische Gesundheit in der Arbeitswelt - Führung", D. Montano / A. Reeske-Behrens / F. Franke

Für den zweite Teil der Frage nach der mentalen Stärke wird sich u.a. auf die Metastudie von Flow Consulting (2017), mit dem Titel „Future Skills for Leadership – dynamic / Herausforderungen für Führungkräfte in dynamischen Situationen", bezogen. Darin heißt es bei den Anfoderungen an Führungskompetenzen, was Führungskräfte in den aufgezeigten Situationen von vier Studien (zw. 2014-2016, aus Deutschland, Schweiz, Frankreich und USA) folgendes leisten sollten:

- Beweglichkeit bei gleichzeitiger Verlässlichkeit
- Flexibilität bei gleichzeitiger Planbarkeit
- Situationsbezug bei gleichzeitiger Stetigkeit.

Bei dieser Bewältigung benötigen Führungskräfte die „guten alten" Kompetenzen, wie Zielorientierung, Innovationsfähigkeit, Motivationsfähigkeit, Dialogfähigkeit, Überzeugungskraft, bereichsübergreifende Zusammenarbeit, Konfliktmoderation und Erfolgskontrolle.

Hinzu kommen weitere sieben Führungskompetenzen (Clusterbildung aus 92 Anforderungen und 15 Studien):

1. Perspektiven erweitern
2. Innovationen vorantreiben
3. Netzwerke pflegen
4. Orientierung vermitteln
5. Eigenständigkeit fördern
6. Mitarbeiter/-innen unterstützen
7. Digitale Werkzeuge nutzen

In den Ausführungen dazu heißt es, Führung muss Risikobereitschaft zeigen, Experimente anstoßen und ergebnisoffen Bestehendes erneuern. Dazu gehört auch, mit Rückschlägen umzugehen, diese vorher mental wie auch hinsichtlich relevanter Ressourcen einzukalkulieren. [9]

---

[9] Metastudie „Future Skills for Leadership - dynamic", Frank Wippermann, Flow Consulting GmbH

Über die Psychologie kommt man der **mentalen Stärke** ebenfalls einen Schritt näher. Hier heißt es, mentale Stärke (engl. mental toughness) ist das Ergebnis von persönlichen Überzeugungen, Einstellungen und Denkprozessen, die dazu führen, dass sich Personen

a) herausfordernde Ziele setzen und an diesen auch unter Schwierigkeiten festhalten,
b) Misserfolge besser wegstecken,
c) eine höhere Motivation aufweisen,
d) weniger ablenken lassen und
e) insgesamt mehr Anstrengung und Ausdauer zur Erreichung ihrer Ziele aufbringen.

Bereits in den 1970er Jahren konnten führende Psychologen wie Albert Bandura (Selbstwirksamkeit), Martin Seligman (erlernte Hilflosigkeit) und Julian B. Rotter (Locus of Control) in zahlreichen Studien zeigen, dass Menschen, die von den eigenen Fähigkeiten überzeugt sind und Situationen für kontrollierbar halten:

- sich höhere Ziele setzen,
- motivierter sind,
- besser mit Stress umgehen und
- mehr Anstrengung und Ausdauer zeigen. [10]

Bandura bezeichnete diese Erwartungen einer Person als wahrgenommene Selbstwirksamkeit. Rotte sprach von wahrgenommener Kontrollierbarkeit.

[10] Website: https://www.psychomeda.de/lexikon/mentale-staerke.html, Dipl.-Psych. Dr. Lars Satow

Im Jahr 2012 schließlich stellten Peter Clough und Keith Earle ein Modell für **mentale Stärke mit vier Komponenten vor, das sogenannte 4C-Modell:**

- **Confidence:** Mental starke Personen sind von ihren Fähigkeiten überzeugt (gleichbedeutend mit Banduras Selbstwirksamkeit).
- **Challenge:** Mental starke Personen suchen die Herausforderung.
- **Control:** Mental starke Personen halten die Dinge für kontrollierbar (gleichbedeutend mit Rotters Locus of Control).
- **Commitment:** Mental starke Personen halten an ihren Zielen fest.

Verwandte Konstrukte sind Resilienz (Emmy Werner) und Hardiness (Salvatore R. Maddi), wobei unter der Resilienz (psychologisch betrachtet) vor allem die Denkprozesse untersucht werden, die es einer Person ermöglichen, Stress und Belastungen zu bewältigen.

Hardiness hingegen wird oft als eine Art Persönlichkeitseigenschaft verstanden, die es einer Person ermöglichen auch unter großem Stress und Druck gesund zu bleiben. Bereits Maddi sah die Komponenten Commitment, Control und Challenge als charakteristisch für Hardiness an. Der Unterschied zu mentaler Stärke liegt in erster Linie im Leistungsfokus begründet. Während bei Resilienz und Hardiness die psychische Gesundheit im Vordergrund steht, geht es bei mentaler Stärke um (körperliche) Leistung und Leistungssteigerung. Das ist der Grund, warum mentale Stärke vor allem in der Sportpsychologie Anwendung findet.

Damit kann abschließend die Frage, sind mentale Stärke und körperliche Fitness zwingende Voraussetzungen für Führungskräfte, **insoweit beantwortet werden: es gibt einen hohen Zusammenhang zwischen ausgezeichneter Führung und den körperlich und mentalen Fähigkeitsebenen.**

4. BELASTUNGSFAKTOREN AM ARBEITSPLATZ UND IHRE AUSWIRKUNGEN

Psychische Belastungen geraten immer mehr in den Mittelpunkt der öffentlichen Diskussionen. Der neue Prototyp für die negativen gesundheitlichen Folgen der modernen Arbeitswelt ist dynamisch, kreativ, sich selbst permanent perfekt vermarktend und natürlich Tag und Nacht erreichbar. Erhebungen untermauern diese These. Der ausgebrannte Mensch findet sich immer häufiger in den Krankenstatistiken. Neben den persönlichen Konsequenzen für jede/n Einzelne/n stehen ebenfalls die ökonomischen: 16 Milliarden Euro betragen laut Bundesanstalt für Arbeitsschutz und Arbeitsmedizin (BAuA) die Kosten für psychische Erkrankungen pro Jahr.

Über die Ursachen psychischer Belastungen am Arbeitsplatz ist bekannt:

Besonders Leistungsdruck aufgrund hoher Termin- und Qualitätsanforderungen, Multitasking, Störungen bei der Arbeit sowie konflikthafte Arbeitsbeziehungen zu Vorgesetzten oder Kollegen/-innen werden häufig in Umfragen genannt. Und auch Lärm, Beleuchtung und Klima spielen eine große Rolle. Arbeitsunzufriedenheit, Demotivation und im schlimmsten Fall innere Kündigung sind die Folgen. Die Arbeitsqualität leidet, ebenso Gesundheit und Wohlbefinden.

Apersonale Belastungsfaktoren oder auch umgebungsbedingte Belastungsfaktoren sind die Art von Belastungen, die durch die Umgebung der/des Betroffenen entstehen, bspw. das Raumklima, die Beleuchtung, der Lärm, Staub und Abgase sowie Vibrationen.

Interpersonale Belastungsfaktoren oder auch psychosoziale Belastungen, entstehen da, wo Menschen zusammenkommen bzw. arbeiten und im kollegialen Sinne voneinander abhängig sind. Zu ihnen zählen Konflikte, Mobbing/Bossing und sexuelle Belästigung.

Personale Belastungsfaktoren Emotionale Belastungen sind die Art von Belastungen, die weder das physikalische Umfeld einer Person noch das soziale Miteinander im Betrieb betreffen. Emotionale Belastungen entfalten ihre Dynamik innerhalb einer Person. Dazu zählen andauernde Überlastung bzw. Leistungsdruck aber auch Unterforderung, Burn-out-Symptome als Ursache und Folge von Belastungen, Arbeitssucht vs. Work-Life-Balance und Arbeitsplatzunsicherheit.

Als gesundheitlich besonders belastend in sogenannten Berufen mit hoher Arbeitsbelastung gilt, wenn ein hohes Maß an Anforderungen und ein niedriges Ausmaß an Selbstkontrolle (im Sinne von eigenen Entscheidungen) zusammenfallen. Danach sind diejenigen Personen durch Arbeitsbelastung gesundheitlich gefährdet, an die permanent hohe Anforderungen gestellt werden, zum Beispiel durch Arbeitsverdichtung, während zugleich die Kontrolle und der Entscheidungsspielraum bei der Ausführung der Aufgaben eingeschränkt sind. Typische Beispiele sind Industriearbeiter/-innen am Fließband, Verkäufer/-innen im Supermarkt oder Beschäftigte in Call-Centern. Anleitende Manager/-innen oder Ärzte und Ärztinnen im Krankenhaus werden ebenfalls hohe Arbeitsanforderungen gestellt, jedoch besitzen sie in der Regel größere Kontroll- und Entscheidungsspielräume.

Die Arbeitsbelastung fasst die Teilbelastungen aus der Arbeitsumgebung zusammen und umfasst wahrnehmbare und nicht wahrnehmbare Faktoren. Quantifizierbare Teilbelastungen werden als Belastungsgrößen bezeichnet. Nur qualitativ erfassbare Teilbelastungen bezeichnet man als Belastungsfaktoren. Belastung ist dabei eine Einwirkungsgröße und Beanspruchung eine Auswirkungsgröße. Das bedeutet, die Höhe der Beanspruchung hängt nicht allein von der Höhe der Belastung und ihrer Einwirkungsdauer, sondern auch von den individuellen Eigenschaften, Fähigkeiten und Fertigkeiten der Arbeitsperson ab. Somit gilt:

- Die gleiche Belastung kann bei unterschiedlichen Personen zu unterschiedlich hohen Beanspruchungen führen und
- eine zeitabhängige Verschlechterung der für die Ausführung der Arbeit wichtigen Eigenschaften (Ermüdung) hat eine Zunahme der Beanspruchung bei gleichbleibender Belastung und derselben Person zur Folge.

Arbeitsintensität und Überlastung

Zeitdruck und Arbeitsverdichtung prägen für einen großen Teil der Beschäftigten den Arbeitsalltag: 53 Prozent aller Befragten fühlen sich bei der Arbeit (sehr) häufig gehetzt. Jede/r Dritte musste – verglichen mit dem Vorjahr – deutlich mehr Arbeit bewältigen, ohne jedoch mehr Zeit zur Verfügung zu haben.

Wie intensiv die Arbeitsbedingungen für die Beschäftigten sind, und ob diese zur Überlastung werden, hängt von **drei Faktoren** ab: Arbeitsmenge, Arbeitsdauer und Qualität der ausgeführten Tätigkeit. Gerät das Verhältnis dieser drei Faktoren in eine Schieflage, steigt die Arbeitsintensität und die Belastungen für die Beschäftigten nehmen zu.

Die Repräsentativumfrage des DGB-Index „Gute Arbeit 2019" untersuchte das Ausmaß von Arbeitsintensität sowie die Zusammenhänge mit Arbeitsbedingungen und Belastungsfolgen.

Dabei kam man zu einem bedenklichen Ergebnis: Ein Viertel der Arbeitnehmerinnen und Arbeitnehmer in Deutschland kann die von ihnen geforderte Arbeitsmenge (sehr) häufig nicht in der vorhandenen Arbeitszeit bewältigen. In dieser Gruppe ist die Schieflage bei der Arbeitsintensität unübersehbar. [11]

---

[11] Vgl. Report 2019 – Arbeit am Limit, Dr. Rolf Schmucker, Institut DGB-Index Gute Arbeit (Dez. 2019)

5. WELCHE GESUNDHEITLICHEN PRÄVENTIONSSTRATEGIEN GIBT ES, UM STRESS ZU REDUZIEREN?

Was versteht man unter Stress?

In unserem Alltag begegnen wir ständig Anforderungen, die andere oder wir selbst an uns stellen: beispielsweise im Beruf, in der Familie, beim Autofahren oder beim Einkaufen. Wir fühlen uns wohl, wenn wir das Gefühl haben, dass wir solche Situationen im Griff haben. Stress kann dann auftreten, wenn uns die Anforderungen über den Kopf wachsen. Idealerweise besteht in unserem Tagesablauf ein Gleichgewicht von Anspannung und Ruhe, zwischen Stress und Erholung.
Stress gehört also zunächst einmal zu unserem Alltag. Er spornt zu Leistungen an und ist eine wichtige Quelle für Erfolgserlebnisse. Wenn der Stress jedoch überwiegt, dann ist das Gleichgewicht gestört. Zu viel Stress kann das Wohlbefinden erheblich beeinträchtigen und uns auf Dauer sogar krank machen.

Ablauf der Stressreaktion

Bei einer typischen Stressreaktion stellt der Körper diverse Ressourcen zur Verfügung. Der Blutdruck erhöht sich. Das Herz schlägt schneller. Der Atem ist beschleunigt und die Muskulatur spannt sich an. Energiereserven werden zur Verfügung gestellt. Diese Stressreaktion stammt noch aus der Urzeit. Durch sie wird der Körper auf Bewegung vorbereitet, denn die häufigsten Gefahren, die der Mensch in dieser Zeit bewältigen musste, bestanden in der Begegnung mit wilden Tieren oder anderen, feindlich gesinnten Menschen. Dadurch blieben dem Menschen nur zwei Reaktionsarten: Angriff oder Flucht. Beide Reaktionsarten erforderten verstärkte Muskelarbeit. Die bereitgestellte Energie konnte so wieder abgebaut werden. War die Gefahr vorüber, konnte der Mensch sich entspannen und in einen Ruhezustand zurückkehren.

Stress ist also eine Art Anpassungsreaktion auf plötzliche, unvorhergesehene Ereignisse. Für den modernen Menschen hat die Stressreaktion ihren Anpassungswert allerdings häufig verloren. Wenn er sich bedroht fühlt, wird er im Allgemeinen nicht von bösen Tieren angegriffen. Es handelt sich meist um leistungsbezogene oder zwischenmenschliche Situationen in denen es oft nicht möglich ist, den Stress durch körperliche Aktivität abzureagieren und so zum Ruhezustand zurückzukehren. Im täglichen Arbeitsprozess ist vor allem der **chronische Stress** problematisch, der immer dann entsteht, wenn Belastungen lange andauern oder immer wiederkehren, und der Mensch keine Möglichkeit der Ruhe und Erholung hat. Die durch den Stress im Körper bereitgestellte Energie kann dann nicht verbraucht werden.

Allerdings reagiert nicht Jede/r auf die gleichen Belastungen mit den gleichen Reaktionen. Stressreaktionen sind sehr individuell, weil sich die meisten Belastungen nicht direkt auswirken. Ob ein Mensch mit einer Stressreaktion reagiert oder nicht, hängt unter anderem auch davon ab, ob eine Situation als Bedrohung wahrgenommen wird. So kann eine bestimmte Arbeitssituation von einem Menschen als Herausforderung und von einem anderen als stressauslösend empfunden werden.

Was heißt Stressbewältigung?

Stressbewältigung, bspw. am Arbeitsplatz, gibt Strategien an die Hand, die einen Abbau oder eine Verringerung des Stressgefühls bewirken. Man bezeichnet dies auch als „Stressmanagement". Um seine Gesundheit und Leistungsfähigkeit zu erhalten, ist es in unserer modernen Gesellschaft unausweichlich den Umgang mit Stresssituationen zu erlernen.

Menschen mobilisieren dabei ihre eigenen Selbstheilungskräfte, um eine Widerstandsfähigkeit gegen Stressmomente aufzubauen. Nachweislich nimmt das Gefühl der Überforderung in den Industrieländern in den letzten Jahren immer weiter zu, sei es im beruflichen, familiären Bereich oder durch die Unvereinbarkeit beider Aufgabenfelder. Deshalb ist Stressbewältigung für die/den Einzelnen so wichtig wie nie zuvor.

Achtsamkeit ist keine Geisteshaltung, sondern Achtsamkeit ist eine grundsätzliche Fähigkeit des menschlichen Geistes und Gehirns. Achtsamkeit ist eine nach innen und/oder außen gerichtete Aufmerksamkeit im Moment, die unsere Sinne miteinschließt. Wir können unsere Aufmerksamkeit lenken und uns auf Wahrnehmungen oder Gedanken konzentrieren. In diesem Zustand sind wir achtsam. „**Diese Achtsamkeit ermöglicht es, Dinge wahrzunehmen und zu erkennen, die in einem unruhigen oder unaufmerksamen Geist mit vielen „blinden Flecken" weniger möglich sind. Wenn wir einer Tätigkeit oder einem Gedanken mit Achtsamkeit begegnen, können wir den Sinn darin auch erkennen. Konzentration ist ein Aspekt von Achtsamkeit. Achtsamkeit ist die Basis aller höheren kognitiven Fähigkeiten**" (Tamdjidi und Stephan, 2015a). Die Wirksamkeit von Achtsamkeitsübungen wurde bereits im Kontext von Medizin und Gesundheitswissenschaften in zahlreichen wissenschaftlichen Studien belegt (bspw. Kristeller und Hallett, 1999 /Baer, 2003 / Grossmann et al., 2004 / Hofmann et al., 2010 / Bowen et al., 2009 / Carson et al., 2006 / Duncan und Bardacke, 2010 / alle zitiert in Michalak et al., 2012).

Achtsamkeit als therapeutisches Prinzip. Der amerikanische Professor Jon Kabat-Zinn gilt als der „Vater" dieser modernen Achtsamkeitspraxis. Die Entwicklung und Schulung von Achtsamkeit ist das zentrale Behandlungselement in dem seit Mitte der 1970er Jahre von Jon Kabat-Zinn entwickelten **Mindfulness-Based Stress Reduction Program (MBSR)**, einem achtwöchigen erfahrungs- und übungsbasiertem Gruppenprogramm, welches sowohl therapeutische, wie auch präventivmedizinische Komponenten enthält. Darüber hinaus gibt es noch die **Mindfulness-Based Cognitive Therapy (MBCT)**, das Achtsamkeitsinformierte Verfahren, die **Dialektisch-Behaviorale Therapie (DBT)** und **Acceptance and Commitment Therapy (ACT)**. All diese Programme und Therapien haben ein gemeinsames Ziel: psychische Leiden zu reduzieren. Die Trainingsformen unterscheiden sich dabei oft grundlegend, gerade in den Konzepten, was Achtsamkeit bedeutet und wie die beste Lern- und Trainingsform gestaltet sein soll (Carmody in Ie et al., 2014). [12]

---

[12] Vgl. Gesund durch Meditation: Das große Buch der Selbstheilung, Kabat-Zinn, J.

5.1 WARNSIGNALE IM UNTERNEHMEN

Da psychische Überlastung und Burn-out ihre Ursachen nicht nur in den Eigenschaften und Einstellungen einzelner Mitarbeiterinnen und Mitarbeiter haben kann, sondern auch in der Abteilung oder im gesamten Unternehmen, sollten Sie ebenfalls auf Warnzeichen in der gesamten Firma achten. Es gibt Elemente der Arbeitsumgebung oder Arbeitskultur, die durchaus eine Überlastung fördern.

- **Klagen über Belastungen**

Ein Symptom sind natürlich die direkten Klagen über zu viel Arbeit oder zu lange oder ungünstige Arbeitszeiten. Diese Unmutsäußerungen können auch die Form von Überlastungsanzeigen annehmen. Hier sollten Sie immer hellhörig werden, wenn diese gehäuft oder nur in bestimmten Bereichen auftreten. Für viele Mitarbeiterinnen und Mitarbeiter ist eine Überlastungsanzeige das letzte Mittel, das sie nur dann einsetzen, wenn wirklich gar nichts mehr geht. Schieben Sie die Verantwortung dann nicht auf die/den »wenig belastbare/n« Mitarbeiter/-in zurück, sondern gehen Sie den Ursachen nach. Wenn solche Meldungen ernst genommen und Lösungen gesucht werden, wirkt sich das auch sehr positiv auf das allgemeine Betriebsklima und die Motivation aus.

- **Verschlechtertes Klima**

Wenn Sie feststellen, dass Konflikte aller Arten, einschließlich Mobbing, zunehmen, kann auch das auf eine Überforderung der Mitarbeiterinnen und Mitarbeiter hinweisen. Je schwieriger es ist, das eigene Arbeitspensum noch zu bewältigen, desto geringer wird die Bereitschaft, anderen zu helfen oder deren persönliche Schwächen zu tolerieren. Das Klima wird gereizter, jede/r sieht nur auf ihre/seine eigenen Interessen. Ein solch aufgeladenes Klima macht es bspw. schwierig, in einer Abteilung noch kollegial den Dienst- oder Urlaubsplan zu erstellen.

- Erhöhte Fehlzeiten

Wenn Sie Störfaktoren wie Überlastung der Mitarbeiterinnen und Mitarbeiter und Unzufriedenheit auf die Spur kommen möchten, lohnt es sich, die Fehlzeiten zu analysieren. In der Personalabteilung sollten die Fehlzeiten für die einzelnen Abteilungen einmal im Jahr ausgewertet werden. Daraus lässt sich ersehen, ob es in einem Bereich Probleme gibt. Erfahrungsgemäß schlagen sich viele Dinge, mit denen Mitarbeiterinnen und Mitarbeiter unzufrieden sind, direkt auf die Fehlzeiten nieder: Arbeitsbelastung, Veränderungen, Verhältnis zur/zum Vorgesetzten, Teamklima usw. Im Vergleich der Abteilungen untereinander können Sie mögliche Brennpunkte erkennen. Sie können auch die Fehlzeiten des gesamten Betriebes mit denen Ihrer Branche vergleichen, bspw. anhand von Fehlzeitenreports der Krankenkassen oder Berufsgenossenschaften.

- Erhöhte Fluktuation

Kommt es im gesamten Betrieb oder nur in einzelnen Bereichen auffällig oft zu Kündigungen? Auch das kann ein wichtiges Anzeichen für Überlastung oder ein gestörtes Betriebsklima sein.
Wenn es Mitarbeiterinnen und Mitarbeiter nur kurz im Unternehmen hält, sie schon selber während der Probezeit kündigen oder oft um Versetzungen aus einer Abteilung herausgebeten wird, sollten Sie den Ursachen nachgehen! Es lohnt sich, die Zahlen über Versetzungen, Kündigungen oder vorzeitige Beendigung der Probezeit zu beobachten. Aussagekräftig sind solche Zahlen allerdings nur, wenn Sie sie über einen längeren Zeitraum hinweg vergleichen können. Sehr hilfreich ist es, wenn die Personalabteilung bei Kündigungen von Mitarbeiterinnen und Mitarbeitern mit diesen spricht, um den Ursachen für den Weggang auf den Grund zu gehen. Mitarbeiter/innen, die bereits gekündigt haben, fühlen sich nicht mehr unter Druck und antworten häufig sehr offen. Auf diese Weise lassen sich bspw. Führungsmängel aufdecken, über die vorher aus Angst vor dem/r Chef/in oder vor anderen Nachteilen nicht gesprochen wurde.

- **Verweigerung von Festen**

Kommt kaum jemand zum Betriebsausflug oder zur Weihnachtsfeier der Abteilung? Oder sind diesmal langjährige Mitarbeiterinnen und Mitarbeiter weggeblieben, die sonst immer dabei waren? Auch dies ist ein Zeichen für einen Missstand. Die Verweigerung der Teilnahme an betrieblichen Geselligkeiten hat auch immer demonstrativen Charakter: »Wenn man sonst schon keinen Wert auf mein Befinden legt, muss ich jetzt auch nicht noch am Abend mit meinem/r Chef/in essen gehen!«

Fragen Sie also freundlich nach, wenn die Anmeldezahlen zum nächsten Betriebsausflug ungewöhnlich niedrig ausfallen. Vielleicht kommen Sie so einem internen Missstand auf die Spur.

Weitere mögliche Indikatoren zur Früherkennung von psychischen Fehlbelastungen:

- nachlassende quantitative Arbeitsleistung der Mitarbeiter/-innen
- nachlassende Qualität (Fehler, Falschausführungen etc.)
- verändertes allgemeines Verhalten gegenüber Vorgesetzten und Kolleginnen bzw. Kollegen
- Unmutsäußerungen zu den Arbeitsanforderungen bis hin zu direkten Beschwerden
- Rückzug aus dem sozialen Gefüge: scheinbare geistige Abwesenheit, ungewöhnliche Schweigsamkeit
- zynische Bemerkungen über/zu Kollegen/-innen oder bspw. über die Führungspolitik
- scheinbar grundlose Auseinandersetzungen mit Kollegen/-innen
- Hinweise auf Rauschmittelkonsum (insbesondere Alkohol, Tabletten) [13]

---

[13] Vgl. Psychische Belastungen am Arbeitsplatz vermeiden, Julia Scharnhorst

5.2 10 METHODEN ZUR STRESSBEWÄLTIGUNG

Jeder Mensch kann bestimmte Übungen und Maßnahmen erlernen, die beim Stressabbau helfen. Hier zehn mögliche Stressbewältigungsmethoden:

1. Tipp: Den Stresszustand akzeptieren

Die Grundvoraussetzung zur Stressbewältigung besteht darin, den Zustand als solchen anzuerkennen. Manche Menschen reden sich ein, dass es ihnen gut gehe, obwohl sie längst eine Überbelastung spüren.
Es ist keine Schande zuzugeben, dass eine bestimmte Situation, berufliche Herausforderungen, Kinder, soziale Verpflichtungen (bspw. die Pflege von Familienangehörigen) oder andere Faktoren einen belasten. Wer sich über das Ausmaß der eigenen Anspannung klar werden will, der sollte seine Gedanken schriftlich ordnen. Das tägliche Grübeln führt selten zum Ziel, dagegen ist das klare Ausformulieren seiner Sorge auf Papier die beste Grundlage, um das Problem an der Wurzel zu packen. Wer weiß, welche Stressoren für die gefühlte Überforderung verantwortlich sind, der kann anders mit ihnen umgehen.

2. Tipp: Sich einer Vertrauensperson öffnen

Der nächste Schritt zur Akzeptanz des Problems ist es, seinem sozialen Umfeld die Erkenntnisse aus der Niederschrift mitzuteilen. Dies sollte zunächst bei einer nahestehenden Person geschehen, mit der man seine Probleme teilen kann. Wenn bspw. die/der Partner/-in um die Stresssituation weiß, kann sie/er unterstützen und Rat geben. Viele Menschen trauen sich aus falsch verstandener Scham nicht, ihren Nächsten gegenüber zuzugeben, dass sie sich unter Druck gesetzt fühlen. Aber nur, wer sich anderen öffnet, kann erwarten, dass diese dementsprechend reagieren.

3. Tipp: Die eigene Einstellung zum Stress umdeuten

Stress ist immer auch mit subjektiver Wahrnehmung verbunden. Hat man also akzeptiert, dass man sich „gestresst" fühlt, dann ist es Zeit, an seiner Einstellung hinsichtlich der Veränderlichkeit dieses Zustands zu arbeiten. Die Stressbewältigung setzt voraus, dass sich der/die Betroffene aus dem Stigma des Opfers löst. Oft kann ein neues Bewusstsein durch neue Denkmuster erreicht werden:

Es geht darum, das Bewertungsmuster für bestimmte Situationen dauerhaft umzudrehen und aus einer unveränderlichen Zwangslage eine selbstbestimmte Aufgabensetzung zu machen. Folgende Schritte helfen dabei, sich nicht länger als Sklave des Stresszustands zu fühlen, sondern selbst das Zepter in die Hand zu nehmen:

a) Perfektionismus offen legen

Oft ist Stress eine Frage des eigenen Anspruchs. Deshalb ist es sinnvoll über Extremsätze herauszufinden, mit welchen Katastrophen die/der Betroffene heimlich rechnet oder wie er unterbewusst Situationen überzeichnet. Dazu dient als Beispiel eine Situation, die zuletzt Stress ausgelöst hat. Welche Gefühle werden bspw. für Extremsätze ausgelöst:

- „Ich will immer die Kontrolle über die Situation behalten."
- „Fehler kommen für mich nicht in Frage."
- „Ich wollte, dass nichts schiefläuft."
- „Nie sind die anderen zufrieden mit meiner Leistung."

b) Bewertung des Empfindens

Es folgt die kritische Auseinandersetzung mit den formulierten Sätzen. Dazu zählt eine Abwägung zwischen realistischen Anforderungen und eigenen Erwartungen.

c) Veränderung durch neue Formulierungen

Wenn man die Extremsätze als solche erkannt hat, dann fällt es leichter, sie umzuformulieren. Obige Beispiele könnten also alternativ lauten:

- „Niemand kann alles steuern."
- „Kein Mensch ist perfekt."
- „Ich weiß, dass Fehler passieren können."
- „Ich wünsche mir mehr Anerkennung meiner Leistung."

Man sollte vom eigenen Perfektionismus abrücken und dennoch an positive Entwicklungen glauben. Auf Dauer kann die Wiederholung solcher neuen Gedankensätze das Fühlen verändern.

d) Veränderung durch neues Verhalten

Schöne Erlebnisse sind kein Zufall, sondern können bewusst herbeigeführt werden. Eine reine Formulierung von Positivem reicht deshalb nicht aus – man muss die Erfahrung machen. Um solche Momente wahrnehmen zu können, ist es hilfreich, sich für sie zu sensibilisieren und bspw. am Ende eines Tages positive Situationen zu notieren. Das können kleine Dinge sein, wie „Kompliment einer Kollegin bzw. eines Kollegen für meine Arbeit bekommen" oder große Veränderungen: „Heute gut gelaunt die Kinder von der Kita abgeholt, da ich alle Hausarbeiten rechtzeitig erledigt hatte". Oft nimmt man diese Alltäglichkeiten als selbstverständlich wahr und erkennt nicht, dass in ihnen der Schlüssel zum positiven Denken und zur Stressbewältigung liegt.

4. Tipp: Sport treiben zur Entspannung

Stress wirkt sich immer auch physisch aus. Deshalb ist es so wichtig, dem Körper mit Sport eine Methode zur Stressbewältigung anzubieten. Denn wenn man sich bewegt, werden Stresshormone abgebaut und gleichzeitig kann sich der Geist durch die Ablenkung für einige Minuten erholen. Wer nicht viel Zeit hat, der glaubt oft, dass Sport ihm zusätzliche Freizeit rauben würde. Tatsächlich hilft er aber, den Alltag besser meistern zu können. Nicht immer muss es der Kurs im Fitnessstudio oder das Training auf dem Fußballplatz sein: kleine Bewegungseinheiten wie ein Spaziergang, Treppenlaufen oder Tanzen können Körper und Geist aktivieren und so zum Stressabbau beitragen.

5. Tipp: Über die Ernährung gegenwirken

Der Körper hält sich nicht nur über Bewegung, sondern auch durch gesunde Ernährung fit. Oft tendieren Menschen in Stresssituationen dazu, ungesund zu essen, sich Energydrinks oder Kaffee in großen Mengen zuzuführen und dem Körper damit zusätzlich Energie zu entziehen. Wer sich gestresst fühlt, sollte dagegen lieber viel Wasser trinken und zu Produkten greifen, die den Blutdruck senken und die Nerven unterstützen.

Lebensmittel gegen Stress:

- Blutdrucksenkende Lebensmittel, wie Öle mit ungesättigten Fettsäuren (bspw. Rapsöl), Knoblauch, frischer Fisch, wenig Salz, Obst (Bananen, Rosinen, Kiwis, Wassermelonen).

- Vitamin B1 für die Nerven, wie Hülsenfrüchte, Kartoffeln, Fleisch.

- Warme Hauptmahlzeiten sollten mageres Fleisch oder Fisch in fettarmer Zubereitung enthalten. Auch Eier sind zu empfehlen. Als Beilagen sollten Sie zwischen Kartoffeln in fettarmer Zubereitung, Reis, Gemüse oder Salat wählen.

- Als leichte Zwischenmahlzeit können Sie Milch oder Milcherzeugnisse, Obst, Kompott oder leichte Salate zu sich nehmen.

- Kaffee oder schwarzer Tee wirken sich negativ auf den Schlaf aus, sind also vor dem Zubettgehen ungeeignet.
- Halten Sie feste Essenszeiten und Pausen auch während der Nacht- oder Wechselschicht ein.
- Wegen der Unfallgefahr sollte am Arbeitsplatz kein Alkohol getrunken werden.
- Legen Sie möglichst viele Rituale und Regelmäßigkeiten im Tagesablauf fest.
- Gehen Sie nach der Arbeit nicht sofort zu Bett. Nehmen Sie sich etwas Zeit um abzuschalten.

Empfehlungen der Deutschen Gesellschaft für Ernährung e.V. [14]

6. Tipp: Zeitmanagement betreiben

Besonders zur Stressbewältigung am Arbeitsplatz ist das richtige Zeitmanagement unerlässlich. Viele Stresssituationen ergeben sich erst aus ungenügender Organisation. Beliebte Methoden, um Stress auszuweichen sind auch Aufschieben, falsche Prioritäten setzen oder das Einplanen von zu wenig Zeit für große Aufgaben.

---

[14] Vgl. Website: https://www.dge.de/ernaehrungspraxis/vollwertige-ernaehrung/?L=0

7. Tipp: Erlernen von Entspannungstechniken als Selbsttherapie

Man kann dem Stress ganz bewusst Entspannungsphasen entgegensetzen. Diese können in den Alltag integriert werden und sind von jedermann erlernbar. Sie helfen dabei, sich von der Umwelt zurückzuziehen, sich auf die Lösung eines Problems zu fokussieren oder einfach nur neue Energie zu gewinnen. Folgende Entspannungsübungen zur Stressbewältigung sind empfehlenswert:

- **Traumreisen**

Dieses Training eignet sich besonders gut für Anfänger/-innen, die Entspannungstechniken erlernen wollen. Es gibt zahlreiche Medien welche Betroffene bei dieser Übung unterstützen können.

- **Mentales Training**

Beim Mentalen Training lernt man durch die geistige Vorwegnahme der Belastung, wie mit dieser umgegangen werden kann. Da man in der Theorie Lösungsmuster für Stressmomente findet, kann man mit dem steigenden Schwierigkeitsgrad näher an die später Realität herankommen.

- **Hypnotherapie**

Mit Hypnosetechniken kann zur Entspannung gefunden werden. Dies wird durch die Stärkung der persönlichen Kompetenz erreicht, indem kritische Situationen durchgespielt werden, wird der Umgang mit Stress gelernt. Somit wird Souveränität und subjektives Wohlbefinden gefördert. Dies führt häufig dazu, dass sich der Gesundheitszustand verbessert.

- **Gedankenstopp**

Mit dieser Technik wird dem eigenen Denken Grenzen gesetzt. Wenn man sich mit einem Gedankenkarussell überfordert fühlt, kann man gezielt aussteigen und die Situation neutral bewerten.

- **Progressive Muskelentspannung**

Die progressive Muskelentspannung ist eine grundlegende Technik um muskuläre Spannungen zu beeinflussen, indem bestimmte Bereiche des Körpers zunächst an- und dann entspannt werden, wird nach und nach ein gelöster Gesamtzustand erreicht.

- **Autogenes Training**

Bei dieser Entspannungsmethode lernt man mit suggestiven Formeln nach und nach den gesamten Körper zu entspannen. Typische Formeln sind bspw. „Mein rechter Fuß wird schwer", „Mein Körper sinkt in den Boden" etc. So kann eine umfassende Tiefenentspannung erreicht werden.

- **Meditation**

Meditation, wie sie bspw. auch im Yoga praktiziert wird, ist eine Entspannungsmethode für Fortgeschrittene. Durch die Konzentration auf ein Bild, ein Wort, einen Ton oder ein Mantra erreicht die/der Betroffene nach und nach einen geistigen Zustand der ideale Weise alle Körperlichkeit hinter sich lässt.

8. Tipp: Erholungsmomente nutzen

Dem negativen Empfinden Positives entgegenzusetzen, funktioniert auch indem man die Erholungssignale ernst nimmt und sich Zeit für sich selbst zugesteht. Dabei können die Tätigkeiten zur Erholung unterschiedlich sein: Manch eine/r hört gerne Musik, andere lesen oder sehen fern. Auch das bewusste Nichts-Tun will erlernt sein und sollte nicht vernachlässigt werden. Erholung bringen auch Unternehmungen mit Freunden oder der Familie. Soziale Kontakte machen glücklich und schaffen ein Bewusstsein dafür, dass man selbst nicht die/der Einzige ist, der von Stresssituationen heimgesucht wird.

9. Tipp: Lieber explodieren als implodieren

Wer erkannt hat, dass er sich gestresst fühlt, tendiert oft dazu, diesen in sich hineinzufressen. Oftmals ist aber das Gegenteil die beste Medizin: Wer seinen Emotionen freien Lauf lassen kann, der fühlt sich hinterher besser. Nach dem Psychologen Johann Beran ist die „Affenmethode" dabei empfehlenswert. Die Anspannung, die sich im Körper bei Stress aufbaut, muss sich Bahn brechen. Dazu empfiehlt er bspw. in Überforderungssituationen kurz aufzuspringen, in einen Boxsack zu schlagen oder eine Treppe hinaufzurennen. So wird das Stresshormon Cortisol abgebaut, welches die Arbeitsvorgänge im Gehirn blockiert. Statt ständig Druck in sich aufzunehmen, ist also ein „gesunder Affenschrei" von Zeit zu Zeit eine gute Methode zur Stressbewältigung.

10. Tipp: Stress als solchen kommunizieren

Nicht nur das private Umfeld sollte wissen, wenn jemand unter Stress leidet – auch im Beruf ist es sinnvoll, zu kommunizieren, wenn man sich mit einer Aufgabenstellung überfordert fühlt. Das ist kein Zeichen von Schwäche, sondern von Stärke. Es ermöglicht der/dem Chef/-in, Aufgaben anders zu verteilen und kann im Gegenteil Selbstbewusstsein ausstrahlen. Wenn beispielsweise eine Kollegin oder ein Kollege sagt: „Die Ansprüche sind zu hoch", dann wird man ihn nicht zwangsläufig für unterqualifiziert halten. Vielmehr zeugt das von einer realistischen Selbsteinschätzung der Mitarbeiterin bzw. des Mitarbeiters und die/der Vorgesetzte ist wahrscheinlich froh, die Leistungsfähigkeit seiner Angestellten zu erhalten, indem sie/er etwas an den Arbeitsbedingungen ändert. Dazu bedarf es Mut von Seiten des Betroffenen – eine klare Kommunikation ist aber immer Selbstschutz und die beste Vorsorge gegen Dauerstress.

6. WIE ERKENNT DIE FÜHRUNGSKRAFT STRESS BEI IHREN MITARBEITERN/INNEN?

Die ersten Anzeichen dafür, dass die Energie nicht mehr für die Belastungen ausreicht, sind eine schnellere Erschöpfung und eine langsamere Erholung. Während also „gefühlt" der Arbeitstag immer länger wird, erscheint die Erholungszeit am Feierabend, am Wochenende oder sogar im Urlaub immer zu kurz. Dies führt auf Dauer natürlich zu einem Ungleichgewicht im Energiehaushalt. Die Folge ist, dass auch einfache Aufgaben und Anforderungen viel Konzentration und Anstrengung erfordern. Die letzten Energiereserven müssen mühsam mobilisiert werden.

Die Reaktion auf diesen Zustand der Erschöpfung und Energielosigkeit ist häufig, auf Freizeitaktivitäten zu verzichten. Man fühlt sich zu erschöpft, um noch zum Sport zu gehen oder mit der Familie oder Freunden etwas zu unternehmen. Stattdessen bricht man erschöpft auf der Couch vor dem Fernseher zusammen. Die Hoffnung ist, dadurch Kraft zu sparen oder gar neu aufzutanken.

Leider ist dies eine Fehlannahme.

Warnsignale bei einzelnen Mitarbeitern/-innen

Psychische Belastung und Überforderung können sich bei verschiedenen Menschen ganz unterschiedlich zeigen. Es gibt leichte vorübergehende Zustände, aber auch schwere Störungen, die zu langfristigen Erkrankungen führen können. Für bestimmte psychische Störungen, wie bspw. Depressionen oder Angststörungen gibt es Aufstellungen von Symptomen, die gegeben sein müssen, um eine Diagnose zu stellen. Diese klinischen Verzeichnisse mit den dort beschriebenen Symptomen müssen Führungskräfte oder Betroffene nicht kennen. Sie sollten aber soweit sensibilisiert sein, dass sie erkennen können, wenn mit Mitarbeiterinnen oder Mitarbeitern etwas nicht stimmt und dann entsprechend reagieren.

4 Ebenen der Erschöpfung:

- Körperliche Erschöpfung
- Emotionale Erschöpfung
- Mentale Erschöpfung
- Soziale Erschöpfung

Warnsignale des Körpers

Auf der körperlichen Ebene zeigt sich oft eine starke Müdigkeit und Energielosigkeit. Man ist zwar müde und wünscht sich nichts mehr, als endlich ausruhen zu können, trotzdem fällt das Abschalten schwer. In der Freizeit reicht die Energie nicht mehr für soziale Aktivitäten oder Hobbies. Abends schläft man schlecht ein oder wacht nachts immer wieder auf, oft auch mit Gedanken an den nächsten Arbeitstag.

Emotionale Warnsignale

Die emotionale Erschöpfung kann sich darin äußern, dass die Energie einfach nicht mehr reicht, anderen etwas von sich zu geben. Sich in andere Menschen hineinzuversetzen und sie zu verstehen, fällt schwerer. Nach außen hin entsteht der Eindruck von Kälte oder Desinteresse im Umgang mit anderen Menschen. Wo früher Hilfsbereitschaft und Zuwendung waren, ist jetzt vielleicht nur noch Interesselosigkeit bis hin zum Zynismus gegenüber Kunden. Menschliche Zuwendung verwandelt sich in ein mechanisches Versorgen, dies fällt besonders in sozialen oder Gesundheitsberufen auf.

Mentale Warnsignale

Auch im mentalen Bereich lässt die Energie nach: Konzentrations- und Gedächtnisschwäche treten auf, es kommt gehäuft zu Fehlern. Die Mitarbeiterin oder der Mitarbeiter wirkt schlechter organisiert und arbeitet ungenauer. Gerade bei Führungskräften fällt auf, dass sie ihre Fähigkeit verlieren, klare Anweisungen zu geben oder Entscheidungen zu fällen. Entweder werden Entscheidungen vermieden oder aufgeschoben. Oder um eine Angelegenheit vom Tisch zu bekommen, wird schnell und kurzsichtig entschieden.

Soziale Warnsignale

Die soziale Komponente des Burn-outs zeigt sich oft in einer ausgesprochenen Tendenz zum Rückzug. Andere Menschen mit ihren Interessen, Wünschen und Ansprüchen werden als zusätzliche Anstrengung und Zumutung erlebt. Das führt dazu, dass soziale Aktivitäten zurückgefahren werden: das Mittagessen oder private Treffen mit Kollegen/-innen werden gemieden und der Kontakt zu Kunden wird als anstrengend erlebt und ebenfalls möglichst geringgehalten. Auch im privaten Bereich kann ein Rückzug von Familie, Freunden oder geselligen Aktivitäten, bspw. Mitarbeit im Verein, stattfinden.

Der Alltag in modernen Unternehmen ist nicht komplett planbar. Phasen von extremer Arbeitsdichte und Veränderungen sind normal und damit auch Phasen von großer Belastung bis hin zu Stress.

Genau deshalb lohnt es sich, den Blick für die Ursachen und Auslöser von Stress zu schärfen, die man vermeiden könnte – und sie konsequent einzudämmen. Immerhin liegt der Anteil dieser Stress-Faktoren, die nicht direkt mit der Arbeitslast zusammenhängen und insofern vermeidbar wären, bei bis zu 80 Prozent. [15]

---

[15] Vgl. Betrieblichen Gesundheitsmanagement, „Gesunde Mitarbeiter - gesundes Unternehmen" Handlungshilfe für das bGM

7. EMPFEHLUNGEN ZUR STRESSREDUKTION

- **Arbeitsabläufe optimieren.** Ist Zeitdruck bei Ihnen der Normalzustand? Müssen einzelne Mitarbeiter/-innen viele verschiedene Aufgabenbereiche abdecken? Sind manche Aufgaben extrem komplex oder sehr einseitig? Belastung durch einseitige Tätigkeit kann manchmal durch **Job-Rotation** verringert werden. Mitarbeiter/-innen mit komplexen oder vielen verschiedenen Aufgaben benötigen vielleicht **Ihre Unterstützung, um klare Prioritäten zu setzen.**

- Störungsfreie Zeiten einrichten: ein Stressor im modernen Arbeitsalltag ist die ständige Unterbrechung. Eigentlich hätte man für die Lektüre des Projektantrages nur 40 Minuten gebraucht – aber durch häufige Störung ist man bis mittags noch nicht fertig. Das stresst. Störungsfreie Zeiten, die im Team abgesprochen und akzeptiert werden, können helfen.
  Gehen Sie mit gutem Vorbild voran: richten Sie Zeitfenster des ungestörten Arbeitens ein. Zum Beispiel eine „**Stille Stunde**", die in Ihrem Terminkalender blockiert ist, und in der Sie sich ungestört mit einer wichtigen Aufgabe beschäftigen.

- Der kurze Draht zur/zum Chef/-in: wenn Sie frühzeitig mitbekommen, dass Ihre Mitarbeiter überfordert oder belastet sind, können Sie zeitnah mit der/dem Betroffenen eine praktikable Lösung erarbeiten und eine Menge Stress, Fehler und Unmut vermeiden. Gerade in Unternehmen, in denen sich Prioritäten häufig verschieben oder Zielvorgaben aus verschiedenen Bereichen sich widersprechen können, ist diese Art von Klärungsbedarf enorm gestiegen. Deshalb: **Seien Sie offen und ansprechbar für Probleme.**

Tipp: Falls Sie selbst oft nicht ansprechbar sind, **richten Sie Sprechzeiten ein.**

- Gesundes Büro: wie sind die Bildschirmarbeitsplätze gestaltet? Wie hoch ist die Lärmlast? Funktioniert die Klimaanlage? Wird eine Mittagspause gemacht oder isst die halbe Belegschaft vor dem Computer? Die Gestaltung von Arbeitsplatz und Arbeitsumfeld entscheidet maßgeblich, ob in Ihrer Abteilung der Stress eher hoch oder niedrig ist.

  Tipp: Binden Sie Ihr Team in die Verbesserungen ein. Sie könnten bspw. eine Teamsitzung zum Thema „Wie können wir unsere Gesundheit im Arbeitsalltag fördern?" einberufen und dort auch festlegen, wer sich um welches Thema kümmern möchte.

- Der E-Mail-Flut begegnen:
  Die Informationsflut am Arbeitsplatz macht den Beschäftigten immer häufiger enormen Druck. 150 dringlich ausstehende E-Mails im Posteingang sind keine Seltenheit. Deshalb sollte es möglichst klare Absprachen geben, die entlasten: wie kann der Austausch im Team und innerhalb der Abteilung, aber auch der Austausch mit den Kunden auf ein sinnvolles Maß begrenzt werden? Welche Rundmails, Protokolle und Memos sollte wer lesen und wer nicht? Ist man verpflichtet, jede E-Mail sofort zu bearbeiten? Ein erster Schritt könnte eine moderierte Team-Sitzung sein, in der die Schwierigkeiten mit der Informationsflut gesammelt und in Kleingruppen erste Schritte der Veränderung erarbeitet werden.

- Konflikte aktiv angehen: es wird immer wieder Meinungsverschiedenheiten zwischen einzelnen Mitarbeitern/-innen geben oder auch Unzufriedenheiten mit Ihrem Führungsstil. Zeigen Sie, dass Sie auch für kritische Anmerkungen und Konflikte ein offenes Ohr haben und suchen Sie gemeinsam mit den Betroffenen nach praktikablen Lösungen. Unter den Tisch gekehrte Konflikte können eine enorme Sprengkraft entwickeln, von Mobbing bishin zur inneren Kündigung.

- Offene Kommunikation, Ehrlichkeit und Transparenz: offene Kommunikation ist nicht nur Zeichen von Beteiligung, sondern sichert entscheidend die Qualität der Arbeit. Vor allem in Zeiten der Veränderung ist Ehrlichkeit und Transparenz angesagt. Schlechte Nachrichten kann man nicht vermeiden: eine Deadline ist vorverlegt, ein Projekt gekippt, Mitarbeiter/-innen werden entlassen. Besonders empfindlich reagieren Beschäftigte auf Neuigkeiten über Veränderungen im Unternehmen, wenn sie diese über den Flurfunk erfahren. Achten Sie deshalb darauf, dass relevante Informationen ohne Verzögerung bei Ihren Mitarbeitern/-innen ankommen. So vermeiden Sie, dass Mitarbeiter/-innen durch Gerüchte, Unsicherheit oder versteckte Wut wochenlang gelähmt sind. Bleiben Sie ansprechbar und zeigen Sie Verständnis – auch, wenn die Beschäftigten Kritik äußern: bedenken Sie, die Kritik richtet sich nicht an Sie als Person, sondern an Sie in Ihrer Rolle als Vertreter/-in der Geschäftsleitung.

- Machen Sie sich sichtbar: viele Führungskräfte haben das Gefühl, nicht genug Kontakt und Austausch mit den Mitarbeitern/-innen zu haben. Häufig liegt der Anteil der aktiven Mitarbeiterführung, bezogen auf den Gesamtjob, nur bei 20 Prozent. Meist fehlt schlicht die Zeit. Ein Gedanken-Experiment kann helfen: was würden Sie anders machen, wenn Sie 50 Prozent Ihrer Zeit auf die aktive Mitarbeiterführung verwenden könnten? Mehr Zeit für Entwicklungsgespräche? Ein persönliches „Guten Morgen"? Überlegen Sie, welche Idee am wenigsten Zeitaufwand bedeutet und fangen Sie an. Sie werden merken, wenn Sie einen stabilen Draht zu den Mitarbeitern/-innen aufbauen, sparen Sie an anderen Stellen viel Zeit. Sie wissen einfach, was im Team los ist, wie die Stimmung und wo die Belastung ist.

- Gesundheit zum Gespräch machen: Gesundheit gehört in die Kommunikation zwischen Führungskraft und Mitarbeiter/-innen. Beispielsweise könnten Sie konkret fragen: wie geht es Ihnen in unserem Team? Können Sie Ihre Arbeit gut tun? Gibt es Verbesserungsmöglichkeiten? Was kann das Unternehmen bzw. ich als Ihre Führungskraft dafür tun, damit Sie gesund und engagiert Ihre Arbeit ausführen können?

- Belastungen und Potenziale kennen: eine fundierte Analyse zeigt, welche Belastungen für körperliche und psychische Gesundheit in Ihrem Unternehmen aktuell relevant sind. Lassen Sie sich die Ergebnisse und Potenziale zur Intervention aufzeigen. Beziehen Sie hierbei sowohl die Beschäftigten als auch die zuständigen Experten/-innen des Arbeits- und Gesundheitsschutzes, der Personalabteilung und des Betriebsrates mit ein. Wenn Sie das Gefühl haben, Ihr Team ist sehr belastet, aber die Ursachen bleiben diffus, gehen Sie den Ursachen nach, zum Beispiel durch Gespräche in Workshops und Gesundheitszirkeln.

8. DER WEG ZU EINER GESUNDHEITSGERECHTEN MITARBEITERFÜHRUNG: GESUND FÜHREN

Sich und andere gesund zu führen, gehört zu den Schlüsselqualifikationen im heutigen Berufsalltag. Gute Führung heißt nicht nur Produktions- oder Umsatzziele zu erreichen, sondern auch ein offenes Ohr für Mitarbeiterinnen und Mitarbeiter zu haben und auf individuelle Bedürfnisse einzugehen. Inspirieren, motivieren, Gesundheit fördern und das Wohlbefinden am Arbeitsplatz verbessern: all das gehört heute zu der anspruchsvollen Aufgabe von Führungskräften. Denn Mitarbeiterführung und Mitarbeitergesundheit hängen eng zusammen. Führungskräfte haben maßgeblich Einfluss darauf, ob sich die Mitarbeitenden am Arbeitsplatz wohlfühlen. Gute Führungskräfte sorgen deshalb dafür, dass die Belastungsgrenzen in den Teams nicht ständig überschritten werden. Der beste Weg dies zu erreichen ist, bei sich selbst anzufangen.

Gesundheitsspezifische Mitarbeiterführung

Derzeit wird in der Forschungsliteratur zunehmend der Frage nach den konkreten Führungsaspekten nachgegangen, die besonders relevant für die Gesundheit von Beschäftigten sind. Hierbei sind zwei wichtige Führungsansätze zu erwähnen, die die Charakterisierung und Bewertung gesundheitsspezifischer Führungsmerkmale theoretisch begründen: das gesundheits- und entwicklungsförderliche Führungsverhalten (GEF) und die gesundheitsorientierte Führung (Health-Oriented Leadership). Der GEF-Ansatz postuliert, dass Führungskräfte drei wesentliche Arbeitsmerkmale, nämlich

- Anforderungen wie Komplexität, Variabilität
- Stressoren wie quantitative Überförderung
- Ressourcen wie Handlungsspielraum

direkt beeinflussen können.

Da diese Arbeitsmerkmale entscheidend dafür seien, inwiefern Entwicklungsmöglichkeiten sowie potenziell gesundheitsbeeinträchtigende Faktoren am Arbeitsplatz vorhanden sind, würde der Zusammenhang zwischen Mitarbeiterführung und Gesundheit von dem Ausmaß abhängen, wie die Führungskräfte diese drei Bereiche gesundheitsförderlich gestalten können bzw. dürfen. Analysen zufolge werden im Rahmen des GEF-Ansatzes folgende gesundheitsrelevante Führungsverhaltensweisen erfasst:

- unterstützungsorientierte,
- entwicklungsorientierte sowie
- überfordernde Führung.

Der zweite Ansatz, die sog. gesundheitsorientierte Führung, setzt voraus, dass gesundheitsförderliche Mitarbeiterführung (StaffCare) sowie gesundheitsförderliche Selbstführung (SelfCare) den Zusammenhang zwischen Führung und Gesundheit determinieren. Die Konzepte „StaffCare" und „SelfCare" bezeichnen externe von der Führungskraft zur Verfügung gestellte Ressourcen, wie gesundheitsförderliche Arbeitsbedingungen bzw. interne der Führungskraft stehende kognitive und verhaltensbezogene Ressourcen, also Wissen über gesundes Verhalten und gesunder Lebensstil.

StaffCare und SelfCare werden jeweils entlang drei Dimensionen näher charakterisiert:

- gesundheitsrelevantes Verhalten bzgl. der eigenen Gesundheit sowie Mitarbeitergesundheit
- Wichtigkeit, d. h. der Stellenwert der eigenen bzw. der Mitarbeitergesundheit
- Achtsamkeit, d. h. die bewusste Wahrnehmung von Gesundheitszustand und Stresserleben bei der Führungskraft selbst sowie bei deren Mitarbeiter/-innen.

Wirkmechanismen von Führung auf Gesundheit

Auf der Grundlage empirischer Forschung lassen sich mindestens vier Wirkmechanismen von Führung auf Gesundheit identifizieren, die auf Multikausalität der Zusammenhänge hinweisen.

Der erste Mechanismus setzt eine direkte Wirkung voraus, die auf Führungsverhalten, persönliche Merkmale der Führungskräfte sowie auf die Qualität der sozialen Interaktion zwischen Führungskraft und Geführten zurückzuführen ist. Beispielsweise weisen einige empirische Befunde auf positive Zusammenhänge zwischen **transformationaler Führung, mitarbeiterorientierter Führung sowie Leader-Member-Exchange-Theorie** (LMX) und unterschiedlichen Outcomes psychischer Gesundheit wie Wohlbefinden, Depressivität undBurn-out hin.

Der zweite Mechanismus ist eine indirekte Wirkung von Führung auf Gesundheit, die durch die **spezifische Gestaltung der Arbeitsbedingungen** vermittelt werden kann. Für die Gültigkeit dieser Annahme sprechen die Ergebnisse mehrerer Studien, die von signifikanten Mediationseffekten unterschiedlicher psychosozialer Stressoren auf die Assoziation zwischen Führung und Gesundheit berichtet haben. Allerdings ist zu bemerken, dass die indirekte Wirkung von Führung wesentlich davon abhängt, inwiefern Führungskräfte im betrieblichen Alltag befugt sind, gesundheitsrelevante Arbeitsmerkmale sowie weitere organisatorische Rahmenbedingungen eigenständig zu gestalten.

Der dritte Mechanismus ist der Gesundheitszustand von Führungskräften selbst. Hierbei wird der Tatsache Rechnung getragen, dass Führungskräfte selbst von gesundheitsbeeinträchtigenden Arbeitsbedingungen wie erhöhtem Zeitdruck, ständigen Unterbrechungen sowie Überforderung betroffen sein können. In diesem Kontext wird in der Führungsforschung das Phänomen der sogenannte Crossover-Effekte als einer der Mechanismen diskutiert, der für die „Übertragung" des Stresserlebens der Führungskraft auf ihre Mitarbeiter/-innen verantwortlich sein könnte.

Unter anderen Faktoren könnten empathische Prozesse die Übertragung negativer (bzw. positiver) Emotionen von der Führungskraft auf die Geführten begünstigen.

Der vierte und letzte Mechanismus ist die Vorbildwirkung von Führungskräften, an der diverse sozialkognitive Prozesse aktiv sind. Führungskräfte können als Verhaltensmodelle fungieren, die das Lernen gesundheitsspezifischer Verhaltensweisen, wie Stressbewältigung oder Arbeitssicherheitspraktiken, durch Nachahmung fördern. Vor diesem Hintergrund wies bspw. die Studie von Barling, Loughlin, & Kelloway darauf hin, dass transformationale Führungskräfte in ihrer Vorbildfunktion die Beachtung von Arbeitssicherheitsmaßnahmen sowie das Arbeitssicherheitsbewusstsein der Beschäftigten positiv beeinflussen können. [16]

---

[16] Vgl. Betrieblichen Gesundheitsmanagement, „Gesunde Mitarbeiter - gesundes Unternehmen" Handlungshilfe für das bGM

9. RESILIENZ-EMPFEHLUNGEN FÜR FÜHRUNGSKRÄFTE

Das mittlere Management im Unternehmen gilt als Treiber und Getriebener. Einerseits wird die zentrale Bedeutung dieser Gruppe für das Gelingen von Prozessen des Arbeits- und Gesundheitsschutzes vielfach hervorgehoben. Andererseits wird das mittlere Management gerade im Kontext von Veränderungsprozessen immer wieder als Blockierer, Skeptiker oder sogar als „Lähmschicht" bezeichnet. Die Frage aber ist, was diese Prozesse wirklich lähmt und wie das mittlere Management eine konstruktive Rolle einnehmen kann. Hier die möglichen Rollen:

Informationsveranstaltungen und Trainings von Führungskräften zur Vorbereitung auf die Gefährdungsbeurteilung sollten dementsprechend nicht nur „technische" Informationen über Schritte und Inhalte der Gefährdungsbeurteilung beinhalten, sondern auch schwierige Situationen und den beispielhaften Umgang damit thematisieren. Solche Situationen sind bspw. Verhandlungen mit Kollegen/innen, um Arbeitsabläufe besser abzustimmen / Verhandlungen mit Vorgesetzten, falls zusätzliche Ressourcen benötigt werden (mikropolitische Kompetenzen) / die Motivierung von Mitarbeitern/innen, die sich aufgrund negativer Vorerfahrungen wenig oder gar nicht beteiligen oder sich schwer damit tun, ihre Veränderungswünsche zu artikulieren oder sich innerhalb ihres Teams zu einigen (relationale Kompetenzen). Auch die Selbstreflexion über den Stellenwert des Ziels, eine gesunde Arbeitsumgebung zu schaffen und Möglichkeiten, wie sich dieses Ziel angesichts anderer Prioritäten aufrechter-halten lässt, sollte Bestandteil eines solchen Trainings sein (Selbstmanagement).

Regelmäßige Treffen mit anderen Führungskräften der gleichen Ebene können das gemeinsame Verantwortungsgefühl fördern und so die Bereitschaft steigern, sich gegenseitig zu unterstützen. Dies erleichtert die Umsetzung von Maßnahmen, die über die eigene Abteilung hinausgehen.

Häufig werden die Mitarbeiter/innen lediglich in ihrer reaktiven Rolle gesehen. Dabei können sie den Prozess proaktiv mitgestalten. Die aktive Beteiligung an der Gefährdungsbeurteilung, die Unterstützung der Führungskräfte und Formulierung der eigenen Erwartungen an die Führung können den Prozess deutlich voranbringen, wenn die Unternehmenskultur der Proaktivität nicht zu große Steine in den Weg legt. Hier können alle Akteure beitragen, Fachabteilungen, Mitarbeitervertretung und Leitung, um die Mitarbeiter/innen zur Eigenaktivität zu motivieren. Auch die Vermittlung von Beteiligungskompetenz kann von den anderen Gruppen unterstützt werden. Hier sind auch mögliche Begrenzungen einiger Mitarbeitergruppen zu berücksichtigen und die Themen entsprechend vorzubereiten. Die heterogene Zusammensetzung von Gruppen erlaubt es dabei nicht nur, das Expertenwissen verschiedener Gruppen einzubeziehen, sondern auch deren Akzeptanz zu fördern, wenn sie feststellen, dass auch die Perspektive ihrer (Berufs)gruppe eingebracht wurde. Wichtig ist es hier allerdings solche Multiplikatoren einzubeziehen, die von den anderen Gruppenmitgliedern auch akzeptiert sind, damit sie sich mit den erarbeiteten Lösungen identifizieren können.

Die Fachabteilungen (Personalabteilung und Arbeits- und Gesundheitsschutz) sollten ihre Aufgaben nicht nur auf die Beratung und Unterstützung bei der eigentlichen Durchführung der Gefährdungsbeurteilung beschränken, sondern gemeinsam Strukturen und Prozesse ausarbeiten, die psychischen Gefährdungen vorbeugen. Darunter fallen bspw. das Aufgreifen des Themas bei der Einführung neuer Mitarbeiter, das Vertraut-machen mit vorhandenen Unterstützungsangeboten und die Integration des Themas in betriebliche Abläufe (wie Veränderungsprozesse oder Ideenmanagement). Dies erfordert eine enge Abstimmung und eine gute Zusammenarbeit zwischen den Abteilungen.

Externe Berater können mögliche Fachdefizite auffangen, wenn sie die entsprechenden Ressourcen und den Handlungsspielraum haben, um den Prozess im angemessenen Tempo zu begleiten. Hier können auch Führungsdefizite aufgefangen werden, wenn die Berater in der Lage sind, den Prozess überparteilich zu steuern.

Dies setzt allerdings voraus, dass sie sich der Prozessqualität verpflichtet fühlen und nicht eine Standardmethode einsetzen wollen, ohne sie an die jeweiligen betrieblichen Bedingungen anzupassen.

Die Mitarbeitervertretung kann das mittlere Management an verschiedenen Stellen unterstützen. Auch bei der Einbeziehung der Mitarbeiter können sie einen substantiellen Beitrag leisten. Wenn die Mitarbeitervertretung glaubwürdig versichern kann, dass sie hinter der Gefährdungsbeurteilung steht, sich dafür einsetzt und darin eine Möglichkeit sieht, die Arbeitsbedingungen positiv zu beeinflussen, kann dies die Teilnahmebereitschaft der Mitarbeiter positiv beeinflussen.

Die Leitung kann durch ihre Vorbildfunktion und ihren Einfluss auf die Unternehmenskultur einen Beitrag dazu leisten, dass das mittlere Management die Gefährdungsbeurteilung psychosozialer Belastungen ernst nimmt und das Schaffen einer gesunden Arbeitsumgebung dauerhaft als Ziel verfolgt. Ansatzpunkte sind hier beispielsweise die Priorisierung des Themas auf Unternehmensebene (bspw. durch konkrete, gelebte Leitlinien, Teilnahme an zentralen Steuerungsrunden und Informationsveranstaltungen, regelmäßiges Ansprechen des Themas, öffentliche Wertschätzung von themenbezogenen Aktivitäten, ausreichende Zuweisung von Ressourcen und Handlungsspielräumen).

Eine Fehler- und Lernkultur auf der einen Seite ermöglicht es, problematische Ergebnisse konstruktiv zu interpretieren und Veränderungen anzugehen und eine ausgeprägte Beteiligungskultur auf der anderen Seite erleichtert es schließlich, die Mitarbeiter einzubeziehen, da sie unter diesen Umständen mit partizipativen Verfahren vertraut sind und die Erfahrung gemacht haben, dass ihre Meinung ernst genommen wird. Dies reduziert den Überzeugungsaufwand für die beteiligten Akteure. Und schließlich trägt die Berücksichtigung des mittleren Managements als eigene Zielgruppe der Gefährdungsbeurteilung dazu bei, dass die Führungskräfte die Gefährdungsbeurteilung nicht nur als zusätzliche Last wahrnehmen, sondern auch als ein Angebot an sie selbst, ihre Arbeitsbedingungen zu verbessern.

Mögliche interne und externe Begrenzungen (bspw. Fachkräftemangel, finanzielle Einsparungen) sollten nicht ausgeklammert, sondern gemeinsam diskutiert werden. Dabei ist auch zu berücksichtigen, dass das Einschätzen von „Handlungsgrenzen" je nach Akteursgruppe variieren kann und insofern auch Gegenstand von Aushandlungsprozessen ist. Gegebenenfalls können gute Praxisbeispiele im Unternehmen oder außerhalb gefunden werden, die sich an die spezifischen Rahmenbedingungen anpassen lassen und die Begrenzungen (zumindest teilweise) auffangen. Es ermöglicht zum anderen, Aktivitäten transparent zu machen, die das mittlere Management und die anderen Akteure bereits in Gang gesetzt haben, um bekannte Belastungen aufzufangen.

Mit diesen Handlungsmaßnahmen wird vollumfänglich in die Unternehmenskultur eingegriffen. Den Entscheidern sei an dieser Stelle noch einmal gesagt, Belastungsmanagement greift nicht punktuell in das Unternehmen ein, ist nicht nur ein Teil des betrieblichen Gesundheitsmanagements oder der Resilienz-Thematik, sondern berührt alle Ebenen des menschlichen Miteinanders. Wenn an dieser Stelle nennbare Verbesserungen erreicht werden sollen, dann ist ein unternehmerischer Wandel unabdingbar.

10. DIE RESILIENTE FÜHRUNGSKRAFT DER ZUKUNFT

Das von Reivich und Shatté entwickelte Resilience Factor Inventory (RFI) ermöglicht es, auf der Basis der Werte und analog zum IQ (Intelligenzquotient) seinen RQ (Resilienzquotient) zu bestimmen und mit den Werten einer Gesamtstichprobe zu vergleichen. Der RQ ist auch deshalb mit dem IQ vergleichbar, weil ein hoher Wert nicht automatisch etwas Gutes bedeutet. Der IQ oder RQ ist immer auf der Basis des Umfelds der Person und weiterer Persönlichkeitsmerkmale zu betrachten. Entsprechend ist mittlerweile hinlänglich bekannt, dass eine sehr hohe Intelligenz für Menschen wie ein Fluch sein kann. Dies ist dann der Fall wenn sie bspw. nicht richtig gefördert werden. Gleichzeitig ist aber auch klar, dass eine sehr niedrige Intelligenz kaum als etwas Positives angesehen werden kann. Ein bisschen Intelligenz kann einfach nicht schaden. Mit der Resilienz verhält es sich ähnlich. Entsprechend benötigt jeder Mensch ein gewisses Maß an Resilienz, um mit den unvermeidbaren Widrigkeiten des Lebens zu Recht zu kommen. Genau wie bei der Intelligenz trägt auch die Mehrzahl der Menschen, diese Fähigkeit bereits in sich. Problematisch kann es werden, wenn die Resilienz zu niedrig ist oder der hohe Wert auf einem einzelnen Faktor nicht zu dem beruflichen Umfeld der Person passt.

Ein hoher Wert auf dem Faktor „Kausalanalyse" bedeutet zum Beispiel, dass jemand Problemsituationen sehr gründlich analysiert, bevor er eine Entscheidung trifft. Dieser Wert zeigt entsprechend auch eine bedeutende Korrelation mit der Persönlichkeitsdimension „Gewissenhaftigkeit". Sobald nun aber eine Person in einer hohen Managementposition arbeitet, muss sie lernen, schnell Entscheidungen zu treffen. Die Analysearbeit übernimmt dann in Regel ein Team von Mitarbeitern. Auf der Basis dieser Arbeit trifft die Führungskraft Entscheidungen. Eine Führungskraft, die sich hier entsprechend nicht ändert, wird dann in der Regel als „Micromanager" oder „entscheidungsfaul" bezeichnet und wird in den allermeisten Fällen an einem zu hohen Wert auf dem Faktor Kausalanalyse scheitern. Dies wird aber auch sehr häufig die Führungskraft tun, die nur intuitiv und aus dem Bauch heraus entscheidet, also niedrige Werte auf dem Faktor Kausalanalyse hat.

Studien aus den USA und aus Deutschland belegen eindrucksvoll diese Gegebenheit. Es konnte hier in beiden Ländern übereinstimmend gezeigt werden, dass Führungskräfte über einen signifikant höheren RQ als Mitarbeiter/innen verfügen. Da nicht davon auszugehen ist, dass bei der Auswahl der Führungskräfte der RQ gemessen wurde, haben Unternehmen scheinbar unbewusst Mitarbeiter/innen zu Führungskräften ernannt, die über höhere Werte im Bereich Resilienz verfügen. Außerdem bemerkenswert daran ist, dass sich die Führungskräfte nur auf zwei Faktoren, Kausalanalyse und Realistischer Optimismus, sowohl in den USA als auch in Deutschland nicht von Mitarbeitern/innen unterschieden. Dies zeigt, dass eine hohe Emotionssteuerung, Impulskontrolle, Empathie, Zielorientierung und Selbstwirksamkeitsüberzeugung scheinbar zur Übernahme einer Führungsaufgabe befähigen, während aber eine zu hohe Kausalanalyse und ein unrealistischer Optimismus dies weder in den USA noch in Deutschland tun.

Definiert man die Übernahme einer Führungsfunktion als ein Zeichen für beruflichen Erfolg, so kann der RQ eines Menschen als ein wichtiger Prädiktor für beruflichen Erfolg angesehen werden. Dies zeigt sich daran, dass Führungskräfte über einen höheren RQ als Mitarbeiter/-in verfügen. Dies trifft vor allem auf die Faktoren Emotionssteuerung, Impulskontrolle, Selbstwirksamkeitsüberzeugung, Zielorientierung und Empathie zu.

Umgangssprachlich bedeutet dies, dass Führungskräfte ihre Gefühle wahrnehmen und steuern können, über viel Disziplin verfügen, in Drucksituationen ruhig bleiben, davon überzeugt sind, dass sie Dinge beeinflussen und sich gut in andere Menschen hineinversetzen können. Sie geben sich außerdem nicht mit dem Status-Quo zufrieden, sondern setzen sich nach einem einmal erreichten Ziel neue Herausforderungen, verfolgen diese konsequent und relativ unabhängig von der Meinung anderer Menschen.

Da die Güte von Führungskräften einen entscheidenden Einfluss auf den Erfolg eines Unternehmens hat, sollte dem RQ einer/eines Mitarbeitenden in Zukunft eine verstärkte Aufmerksamkeit, bei der Auswahl einerseits und bei der Entwicklung andererseits von Führungskräften, geschenkt werden. Dies trifft umso mehr zu, da der Faktor Resilienz, als Fähigkeit mit Rückschlägen, Veränderungen, Ungewissheit und Druck umzugehen – aufgrund der steigenden Dynamik und Komplexität der Wirtschaftswelt – in Zukunft wahrscheinlich immer mehr an Bedeutung gewinnen wird. [17]

---

[17] Vgl. Studie „Führung, Gesundheit und Resilienz", Mourlane, D., Hollmann, D. & Trumpold, K., Bertelsmann Stiftung

QUELLENVERZEICHNIS

- Psychische Belastungen am Arbeitsplatz vermeiden, Julia Scharnhorst, 1. Auflage, Haufe Verlag (November 2019)
- Handbuch psychische Belastungen am Arbeitsplatz, Berufsgenossenschaft Handel und Warenlogistik, 1. Auflage 2011
- Praxis-Guide: Psychische Belastungen am Arbeitsplatz, BAD Gesundheitsvorsorge u. Sicherheitstechnik GmbH, Bonn (2018)
- Dissertation „Achtsamkeit im Unternehmen", Dr. med. Christoph Otto Hiendl, Kath. Uni Eichstädt-Ingolstadt (2016)
- Leitfaden Betriebliches Gesundheitsmanagement - 6 Schritte zum Erfolg, Unfallkasse Berlin (2009)
- Studie „Führung, Gesundheit und Resilienz", Mourlane, D., Hollmann, D. & Trumpold, K., Bertelsmann Stiftung, 2013
- Betrieblichen Gesundheitsmanagement, „Gesunde Mitarbeiter - gesundes Unternehmen" Handlungshilfe für das bGM, Initiative Neue Qualität der Arbeit (INQA), 2015
- „Kein Stress mit dem Stress" Eine Handlungshilfe für Führungskräfte, Initiative Neue Qualität der Arbeit (INQA) & Bertelsmann Stiftung, 2017
- Dissertation „Wie fit sind Deutschlands Führungskräfte", Diana Jedlicka, Insitut für Kreislaufforschung und Sportmedizin d. deutschen Sporthochschule Köln (2018)
- Forschungsstudie „Psychische Gesundheit in der Arbeitswelt - Führung", D. Montano / A. Reeske-Behrens / F. Franke, Bundesanstalt für Arbeitsschutz und Arbeitsmedizin (BAuA), 2016

- Metastudie „Future Skills for Leadership - dynamic", Frank Wippermann, Flow Consulting GmbH, 2017
- „Stressreport Deutschland 2019 - Psychische Anforderungen, Ressourcen und Befinden", Bundesanstalt für Arbeitsschutz und Arbeitsmedizin (BAuA), 2020
- Website: http://www.dr-mueck.de/Selbstregulation/Resilienz-Faktoren-Denis-Mourlane.htm, Dr. Dr. med. Herbert Mück, Pattscheider Weg 29, D-51061 Köln (zuletzt: 03.04.2021, 14:06 Uhr)
- Website: https://www.psychomeda.de/lexikon/mentale-staerke.html, Dipl.-Psych. Dr. Lars Satow, Untere Auen 7/1, 88677 Markdorf (zuletzt: 03.04.2021, 19:25 Uhr)
- Website: https://www.dge.de/ernaehrungspraxis/vollwertige-ernaehrung/?L=0, Deutsche Gesellschaft für Ernährung e.V., Godesberger Allee 18, 53175 Bonn (zuletzt: 05.04.2021; 19:54 Uhr)
- Gesunde Unternehmen –arbeitsfähige Mitarbeite-rinnen und Mitarbeiter, Marianne GiesertJürgen Tempel, Hans-Böckler-Stiftung - Abteilung Öffentlichkeitsarbeit, Düsseldorf (2001)
- Gesund durch Meditation: Das große Buch der Selbstheilung (Vollst. Taschenbuchausg), Kabat-Zinn, J., München (2011)
- Treiber und Getriebene - Die Rolle des mittleren Managements im Rahmen der Gefährdungsbeurteilung psychosozialer Belastungen und mögliche Unterstützungsansätze, Hanna Janetzke, Hans-Böckler-Stiftung, Hans-Böckler-Straße 39, 40476 Düsseldorf (2018)
- Psychische Belastung bei der Arbeit, Tipps und Informationen für Unternehmen, Anja Naumann, Handelskammer Hamburg, Adolphsplatz 1, 20457 Hamburg (2015)
- Report 2019 – Arbeit am Limit Themenschwerpunkt Arbeitsintensität, Dr. Rolf Schmucker, Institut DGB-Index Gute Arbeit, Henriette-Herz-Platz 2, 10178 Berlin (Dez. 2019)

WAS WIR FÜR SIE TUN KÖNNEN

Wir helfen Ihnen eine zeitgemäße Präventions- und Resilienz-Kultur zu schaffen:

Maßnahmen sind dabei nicht als isolierte Einzelmaßnahmen, sondern als integratives Maßnahmenkonzept zu verstehen, das dies ggf. auch zu Änderungen in der betrieblichen Organisationsstruktur und -Dynamik führen kann, ist hierbei nicht von der Hand zu weisen. In ähnlicher Weise dürfen auch die präventiven Maßnahmen nicht isoliert und nebeneinanderstehend gedacht werden. Sie sind lediglich die Elemente einer übergreifenden Präventionskultur.

Dabei überlappen sich die Schutzmaßnahmen, die nach dem Arbeitsschutzgesetz zu ergreifen sind, mit weiteren Präventionsmaßnahmen zu einem betriebsumfassenden Vorgehen, das die Prävention zu einem Leitprinzip für alle Ebenen des Unternehmens festlegt.
Es geht also – wenn man den Begriff so wählen darf – um eine präventionsfeste Betriebskultur. Sicherheit und Gesundheit sollen bei allen Entscheidungen und Abläufen als wichtiger Maßstab berücksichtigt werden:

- Unternehmen: bspw. die gemeinsame Festlegung entsprechender Unternehmensziele
- Führungsverhalten: gesundheitlich zuträgliche Führungsstile und Leitbildfunktionen
- Kommunikation: durchgreifende Informationsflüsse, Transparenz und Wertschätzung
- Beteiligung: Mitarbeiterpartizipation bei der Maßnahmenkonzeption und -Bewertung
- Fehlerkultur: neues Denken bei der Wechselwirkung von Fehlern vs. Karriere
- Soziales Betriebsklima: Schaffung einer gemeinsamen Wertebasis und der sozialen Unterstützung

Kontaktieren Sie uns:

Logoconsult Beratungs- & Coachingges.bR
Bergstraße 26
17389 Hansestadt Anklam
Tel: +49 172 911 0394

Sitz in Neubrandenburg
Logoconsult Beratung- & Coachingges.bR
Jahnstraße 3 c
17033 Neubrandenburg

Web: derchangeberater.de
E-Mail: mail@derchangeberater.de

Gesellschafter:
Christian Atzl und Detlev Horst

CPSIA information can be obtained
at www.ICGtesting.com
Printed in the USA
BVHW041926010721
610973BV00029B/792